Hola!

Nicole Biarnés

Reisehandbuch
Costa Brava
und Girona

Geheimtipps von Freunden

Geschichten und Legenden,
kulinarische Spezialitäten,
besondere Orte und Menschen

REISEDEPESCHEN

Ein kleines, großes Land

Es riecht nach Meer und Pinien, nach Fisch und Hafen. Solange ich denken kann, liebe ich es, am Wasser zu sein.

Als ich mich vor fast zwanzig Jahren in einen Mann mit spanischem Pass verliebte, war klar, dass wir nicht in Hamburg bleiben würden. Seitdem lebe ich in Katalonien – und entdecke immer wieder verwundert, welche Vielfalt die kleine Region, die man Costa Brava nennt, bereithält. 2012 begann ich, meine Erlebnisse auf einem Blog festzuhalten, um zu zeigen, warum sich eine Reise hierher so lohnt. Gerade in Deutschland hält sich hartnäckig ein Bild von Menschenmassen, die in der Sonne brutzeln, bis sie rot werden, und laut feiernden Jugendlichen. Doch das ist längst Vergangenheit.

Dieser Landstrich ist ein Ort zum Wohlfühlen und Auftanken. Selbst im Sommer kann man an der zerklüfteten Küste in teils menschenleeren Buchten baden. Wenn man sich ein paar Kilometer vom Meer entfernt, entdeckt man weite Ebenen und die Ausläufer der Pyrenäen, winzige mittelalterliche Dörfer, kulturreiche Städte und sympathische Menschen, die ihre Traditionen pflegen. Es gibt viele Monate im Jahr, an denen es auch an den breiten Sandstränden völlig einsam ist.

Wenn im September die Ernte der Äpfel und Trauben beginnt, fahre ich gern zu den Weingütern und Obstbauern. Im Oktober findet die Reisernte statt und im November kann man das erste frische Olivenöl kosten. Die Farben sind im Herbst fast unwirklich, die ganze Küste ist in ein buntes Licht getaucht. Wenn im Dezember die Küstenorte in einen kurzen Winterschlaf sinken, wird es still. Dann schnüre ich die Wanderschuhe, laufe den alten Küstenweg und höre dem Brausen der Wellen zu. Schon im März kommt wieder neues Leben auf die Wiesen und Felder, die Costa Brava blüht.

INHALT

Da Öffnungszeiten und Preise saisonal sehr stark variieren, verzichten wir meistens auf die Angabe.

REICH
ANDORRA
KATALONIEN
Alt
Empordà
Gironès
Baix
Empordà
La Selva
COSTA BRAVA
Barcelona
MITTELMEER

Willkommen an der Costa Brava

Sonne, Strand und Meer: Das gibt's an der Costa Brava. Um diese scheinbar so bekannte Küste ganz neu zu entdecken und ein wenig in die katalanische Kultur einzutauchen, kommen hier ein paar nützliche Tipps für die Reise.

Wie teuer ist die Costa Brava?

Generell sind die Preise an der Costa Brava ähnlich wie in Deutschland, Lebensmittel teilweise günstiger, Elektrogeräte wie Kameras sind dagegen wesentlich teurer.
Ein Glas Wein trinken oder Essen gehen ist dafür vergleichsweise preiswert. Ein gutes Glas Wein kostet 2 bis 3 Euro, für ein komplettes Mittagsmenü zahlt man zwischen 12 und 15 Euro. Ein kleiner Hinweis: Eisdielen machen traditionell nur in den Sommermonaten und nur am Nachmittag auf (nur in touristisch viel besuchten Orten öffnen sie früher am Tag).
Eine Übernachtung kostet üblicherweise um 100 Euro. Je mehr Luxus und Strandnähe gewünscht ist, desto teurer wird es – vor allem in der Hauptsaison. Grundsätzlich sind die Preise im Hinterland niedriger als an der Küste, je beliebter ein Ort ist, desto mehr Geld muss man ausgeben.

Wie viel kostet was?

Bier 0,33 L
ca. 2 Euro
(Restaurant)
ca. 1 Euro
(Supermarkt)

Kugel Eis
ab 2,60 Euro

Espresso
ca. 1,80 Euro

Mietwagen/Woche
ab 250 Euro

Mittagsmenu
ab 14 Euro

günstige Hotels
ab 120 Euro

Wann ist es besonders schön?

Im Sommer ist es mit durchschnittlichen Temperaturen zwischen 25° C und 35° C trocken und heiß, es kann aber auch Höchstwerte um die 40° C kommen. Der Winter ist deutlich milder als in Deutschland, obwohl die Temperatur auch mal auf 0° C fallen kann. Im Frühjahr gibt es die meisten Niederschläge, in den Wasserfällen sprudelt in dieser Zeit das Schmelzwasser von den Bergen zu Tal. Tagsüber steigen die Temperaturen oft schon auf angenehme 20° C, es kann aber zu länger anhaltenden Schauern kommen. Das Mittelmeer ist dann noch zu kalt zum Baden. Im Herbst ist das anders: Das Wasser speichert die Wärme des Sommers, sodass man im Oktober oder in seltenen Fällen gar im November noch schwimmen gehen kann.

Worauf man sich an der nördlichen Costa Brava zu jeder Jahreszeit gefasst machen sollte, ist die Tramuntana. Wenn dieser kalte Fallwind aus den Bergen weht, kann es – auch im Sommer – für mehrere Tage recht frisch werden.

Was muss ich gesundheitlich beachten?

Die ärztliche Versorgung ist in ganz Spanien hervorragend. Gesetzlich Versicherte haben bei vorübergehenden Aufenthalten innerhalb der EU Anspruch auf medizinisch notwendige Leistungen. Dabei gelten dieselben Bedingungen wie für die Versicherten des Gastlandes. Wichtig: Die *European Health Insurance Card* muss dabei sein (ist teilweise auf der Rückseite der elektronischen Gesundheitskarte aufgedruckt). Besser ist eine private Auslandskrankenversicherung, die alle Kosten übernimmt, die bei einer Behandlung anfallen. So können böse Überraschungen vermieden werden.

In einigen Orten der Costa Brava gibt es deutschsprachige Ärzte, zum Beispiel Dr. Huber in Roses arztpraxis-huber.com

Wie komme ich hin und herum?

Die Costa Brava hat einen eigenen **Flughafen**, den *Aeroport de Girona-Costa Brava* (GRO), 8 km südlich von Girona. Man kann auch nach Barcelona fliegen, mit dem Auto oder Bus ist man in ein bis zwei Stunden an der Costa Brava, mit dem Zug in eineinhalb Stunden. Wenn man mit der **Bahn** von Frankreich aus anreist, sind Figueres und Girona die größten Bahnhöfe, die direkt angefahren werden.

Bahntickets kann man sowohl vor Ort im Bahnhof kaufen, als auch online bei der spanischen Bahn *Renfe* oder auf der Website der *Deutschen Bahn*.
renfe.com
bahn.de

Im Sommer gibt es in vielen Orten **Busse**, wie den *Julivia-Bus* in Palafrugell (visitpalafrugell.cat/propostes/julivia-bus), oder kleine **Fähren**, um von einer Bucht in die andere zu gelangen. Das ist sehr praktisch, weil man sich nicht nur die Parkplatzsuche spart, sondern noch eine günstige Bootsfahrt genießen kann. In Roses findet man die Boote *Els Blaus de Roses* (elsblausderoses.com), die die Passagiere in nahe Buchten und bis nach Cadaqués bringen, und in Lloret und Tossa kann man im Sommer mit den *Dofijet-Booten* (dofijetboats.com) viele Strände und Buchten erreichen. Am besten erkundigt man sich im Touristenbüro oder auf der Website des jeweiligen Ortes nach den genauen Abfahrtszeiten und Preisen. Die Costa Brava vom Meer aus zu entdecken und an der Küste entlang zu fahren, lohnt sich!

Moventis ist eines der Busunternehmen, die Barcelona, Girona, die Flughäfen und viele Küstenorte miteinander verbinden.
compras.moventis.es/de

Um die Costa Brava mit ihrem reizvollen Hinterland zu erkunden, ist ein **Mietauto** meistens die sinnvollste Lösung (ab 250 Euro pro Woche). Es gibt auch ein öffentliches Verkehrsnetz, das aber nicht so gut ausgebaut ist um ins Hinterland zu gelangen.

Nora und Ronan von activans.com vermieten Campervans mit Bio-Klo und extra viel Platz für Familien oder Sportgeräte wie Surfbretter, Fahrräder.

Halbwissen fürs Gewissen

Was ist die Costa Brava?

Costa Brava nennt man den Abschnitt der Mittelmeerküste, der von der französischen Grenze bis nach Blanes reicht. Sie ist keine eigene geografische und politische Region, sondern bezeichnet ein Gebiet in der Autonomen Region Katalonien. Wenn man von der Costa Brava spricht, bezieht man sich in der Regel auf die Landkreise *(Comarques)* Alt Empordà, Baix Empordà, La Selva und Gironès. Ungefähr 630 000 Einwohner leben hier, wobei sich die Einwohnerzahl in einigen Orten während der Sommermonate locker verdreifacht.

Die Küste erhielt ihren Namen zu Beginn des letzten Jahrhunderts. Der Journalist Ferran Agulló i Vidal beschrieb in einem Zeitungsartikel 1908 die felsigen Buchten der Gegend mit so romantischen Worten, dass sich der Ausdruck „Costa Brava“, die wilde Küste, schnell etablierte.

Schon Ende der 1940er Jahre entdeckten viele Filmstars, Musiker und Schriftsteller die Costa Brava. Ava Gardner, Sammy Davis oder Truman Capote verliebten sich in diese schöne, karge Landschaft und die kleinen Fischerdörfer. In den 1960er und 1970er Jahren kamen die ersten großen Touristenströme und in den 1980ern entstand ein regelrechter Boom. Viele der Dörfer sind mittlerweile zu Städten herangewachsen und die meisten Strände touristisch erschlossen. In Deutschland wurde Lloret de Mar ein Synonym für billige Reisen feiernder Abiturienten. Heute finden die Partys aber eher an den Stränden bei Barcelona statt. Wer sich umschaut, findet an der Costa Brava reiche Traditionen, versteckte Buchten und eine besondere Essenskultur.

Wie alles begann

Ab ungefähr 800 n. Chr. entsteht unter der Regierung des Grafen von Barcelona, Wilfried des Haarigen, und seiner Nachfolger Katalonien als eigenständiges Reich. Im 12. Jahrhundert schließt man sich mit dem benachbarten Königreich Aragón zusammen. Von nun an sind die Grafen von Barcelona auch die Könige von Aragón. Katalonien erobert als aufstrebende Seemacht weite Teile des Mittelmeers, den Süden Frankreichs, Teile Italiens und dehnt sich bis Griechenland aus. 1410 stirbt Martin der Humane. Sein einziger Sohn war in einer Schlacht gefallen, die Thronfolge geht nun nach Aragón. Dort orientieren sich die Herrscher am Nachbarreich Kastilien.

Schon im Mittelalter hatten sich reiche Bürger, Händler und Adelige in Barcelona ein Mitspracherecht in Regierungsangelegenheiten erwirkt. Ein absolutistischer Monarch wie in Kastilien kam in Katalonien nicht in Frage. Im 13. Jahrhundert entstand hier ein Vorläufer der heutigen Parlamente, der Consell de Cent. Dieser „Rat der Hundert“ tagte bis 1714.

Am Ende des Spanischen Erbfolgestreits (1701 bis 1714) steht die blutige Niederlage Barcelonas. König Felipe V. zentralisiert das spanische Reich und Katalonien verliert seine Selbstverwaltung. Katalanische Institutionen werden aufgehoben, Universitäten geschlossen, die katalanische Sprache verboten.

Katalanischer Nationalfeiertag ist der 11. September. Die Katalanen gedenken an diesem Tag dem Fall Barcelonas 1714. Mit dieser Niederlage war es mit der katalanischen Unabhängigkeit vorbei.

1931 wird Katalonien als Republik ausgerufen, kurz darauf aber als Teilrepublik innerhalb Spaniens eingegliedert. 1936 kommt General Franco durch einen Militärputsch an die Macht. Es kommt zum Spanischen Bürgerkrieg (1936 bis 1939), in dem die republikanischen Kräfte im Land vernichtet werden – durch tatkräftige Mithilfe von Hitler und Mussolini. Ab 1939 ist Franco, der sogenannte *Generalisimo*, alleiniger Machthaber. Der Diktator lässt erbarmungslos alle Anzeichen regionaler Identitäten verfolgen. Sprache, Bräuche und Feste werden unter Androhung von Gefängnisstrafe verboten.

Nach dem Tod Francos und dem Ende der Diktatur wird 1978 eine neue spanische Verfassung verabschiedet, ein Jahr später tritt das Autonomiestatut von Katalonien in Kraft.

Das große Thema: Unabhängigkeit

2005 soll das Autonomiestatut, das die Rechte der katalanischen Landesregierung regelt, erneuert werden, da bei der Verfassung von 1978 ehemalige Mitglieder des faschistischen Franco-Regimes beteiligt waren. Katalonien soll weitgehende Autonomie in punkto Verkehr, Verwaltung, Bildung und Gesundheitswesen erhalten und wird in der Präambel als „Nation“ bezeichnet. Das Statut wird vom Parlament erlassen und vom König unterzeichnet. Es tritt 2006 in Kraft. Doch die Partei *Partido Popular* reicht beim spanischen Verfassungsgericht Klage ein. Nach vierjähriger Beratung verkündet das Gericht 2010 das Urteil: 14 Artikel werden als verfassungswidrig angesehen. Es kommt zu großer Empörung bei der katalanischen Bevölkerung. Unter der Parole *Som una nació. Nosaltres decidim!* (Wir sind eine Nation. Wir entscheiden!) findet eine Kundgebung in Barcelona statt, zu der über eine Million Menschen auf die Straße gehen.

In der jungen spanischen Demokratie vereinigen sich viele ehemalige Mitglieder der Falange Francos in neu gegründeten Parteien wie der rechtskonservativen Alianza Popular, die später in Partido Popular (PP) umbenannt wird.

Nach 2008 litt ganz Spanien unter einer schweren Wirtschaftskrise, die Unzufriedenheit mit der Regierung in Madrid vermischte sich in Katalonien mit dem Wunsch nach Unabhängigkeit. Die katalanischen Politiker griffen diese Stimmung auf und versuchten, sie in Wählerstimmen umzumünzen. Der 11. September, der katalanische Nationalfeiertag, wurde ab 2013 zum jährlichen Termin für friedliche Massenproteste. Hunderttausende Menschen gingen auf die Straße und forderten die Unabhängigkeit Kataloniens. 2015 traten bei den Wahlen zum katalanischen Regionalparlament konservative und linke Parteien unter dem Namen "Junts pel Sí" für eine Abstimmung über die Unabhängigkeit an. Ihr zentrales Wahlversprechen war die Durchführung eines Referendums, das jedoch im Vorfeld vom spanischen Verfassungsgericht für verfassungswidrig erklärt wurde. Als das katalanische

Parlament das Referendum am 1. Oktober 2017 dennoch durchführte, drohte Madrid mit hohen Strafen nicht nur für die Vorbereitung und Durchführung, sondern auch für die Teilnahme. Viele Katalanen ließen sich die Abstimmung nicht verbieten und gingen trotzdem zur Wahl. Dabei kam es zu teilweise gewaltsamen Repressionen durch die Polizei, was die Unabhängigkeitsbewegung zusätzlich befeuerte. Das Ergebnis des Referendums lag trotz des massiven Polizeieinsatzes bei 90 Prozent Ja-Stimmen für die Unabhängigkeit, bei einer Wahlbeteiligung von nur 43 Prozent. Abgeschreckt von den massiven Polizeieinsätzen und den Drohungen der Regierung blieben viele der Abstimmung fern. Die politische Lage eskalierte, als Präsident Puigdemont wenige Tage später für wenige Sekunden die unabhängige Republik Katalonien ausrief und im gleichen Satz die offizielle Unabhängigkeitserklärung in die Zukunft verschob. Der damalige spanische Ministerpräsident Mariano Rajoy (PP) ließ einen Großteil der katalanischen Regionalpolitiker verhaften, Puigdemont und einige andere flohen ins Ausland. In den folgenden Jahren beruhigten sich die Gemüter langsam. Neue Akteure auf der politischen Bühne wie der sozialdemokratische Ministerpräsident Pedro Sanchez und der neue Präsident der Generalitat Pere Aragonès (ERC, Republikanische Linkspartei) versuchten Schadensbegrenzung. Sanchez erließ 2013 ein Amnestiegesetz, das von Vox und PP heftig kritisiert wurde. Inzwischen sind die inhaftierten Politiker wieder auf freiem Fuß, Puigdemont hält sich weiterhin im Ausland auf und versucht, die Unabhängigkeit aus der Ferne voranzutreiben.

Trotz Erstarkens der Rechtsparteien erreichen die Sozialisten (PSC) sowohl bei den Kommunalwahlen 2023 als auch bei den Wahlen zum Regionalparlament der Generalitat 2024 eine regierungsfähige Mehrheit. Weder der neue Bürgermeister Collboni noch der mithilfe der ERC gewählte Präsident der Generalitat Illa treten für die Unabhängigkeit Kataloniens ein.

Die Sprache: Katalanisch oder Spanisch?

Katalanisch, Català, ist eine der offiziellen regionalen Amtssprachen Spaniens. Die meisten Menschen in Katalonien sind zweisprachig und beherrschen sowohl Spanisch (Kastilisch, Castellano) als auch Katalanisch. Jeder Katalane spricht auch Spanisch, aber nicht jeder Spanier, der in Katalonien lebt, spricht Katalanisch. Mit Ausländern wird sogar oft lieber Englisch als Spanisch gesprochen, besonders in ländlichen Regionen.

Als Gegenentwurf zum schwarzen Stier, der Spanien symbolisiert, zeigen die Katalanen die Silhouette eines Esels. Sie prangt als Aufkleber auf vielen Autos und ist nicht nur Deko, sondern ein politisches Statement. Die Katalanen identifizieren sich mit den typischen Eigenschaften des Grautiers. Beide gelten als störrisch und trotzig, aber auch als stark und sehr belastbar.

Katalanisch ist kein Dialekt des Spanischen, sondern eine eigene Sprache. Die beiden sind ungefähr so verwandt wie Deutsch und Niederländisch. Viele Jahrhunderte lang war Katalanisch die Sprache, die man sowohl nördlich als auch südlich der Pyrenäen sprach. Im Mittelalter verbreitete sie sich im ganzen Mittelmeerraum.

Mit der Entstehung Spaniens als zentrale Macht auf der Iberischen Halbinsel wurde Kastilisch, die Sprache, die man am königlichen Hofe in Madrid sprach, bald zur einzig erlaubten Sprache im Land. Das sollte die Entstehung einer Nation fördern. Da Spanien sehr ländlich geprägt war und ein Großteil der Bevölkerung in abgelegenen Dörfern lebte, blieben regionale Sprachen wie Baskisch, Katalanisch oder Galizisch trotz diverser Verbote über die Jahrhunderte hinweg erhalten. Viele Menschen lebten weit weg vom Zentrum der Macht und hielten an ihren Bräuchen und ihrer Alltagssprache fest.

Nach dem Spanischen Bürgerkrieg, als der faschistische Diktator Franco schließlich die Macht im Land an sich gerissen hatte, war es unter Androhung von Strafe verboten, Katalanisch oder eine der anderen Regionalsprachen zu benutzen. Erst nach dem Tod des Diktators 1975 setzte mit dem Beginn der Demokratie und der Verabschiedung des Autonomiestatuts in den 1980er Jahren langsam ein Prozess der sprachlichen Normalisierung ein. Katalanisch wurde Unterrichtssprache in den Schulen, fand Einzug auf Straßenschildern, Speisekarten, Zeitungen und in den Nachrichten. Heute hat jeder Katalane das Recht, seine Sprache nicht nur im Alltag, sondern auch bei amtlichen Anlässen und in den Medien zu benutzen.

Katalanisch ist die offizielle Amtssprache von Andorra, dem Zwergstaat in den Pyrenäen zwischen Spanien und Frankreich.

KATALANISCH FÜR ANFÄNGER

Das Du ist die allgemeine Form der Anrede, die praktisch für alle und jeden gilt. Neben dem König und der Polizei werden nur sehr alte Menschen (über 80 Jahre) respektvoll mit Sie angesprochen.

Strand – **platja** *(platscha)*

Bucht – **cala** *(kala)*

Leuchtturm – **far** *(far)*

Hallo – **Hola** *(olla)*

Tschüss – **Adéu** *(ade-u)*

Guten Tag – **Bon dia!** *(bonn dia)*

Bitte – **si us plau** *(ßiusplau)*

Danke – **gràcies** *(grassias)* oder **merci** *(mit Betonung auf dem e, wie in der Schweiz)*

Entschuldigung – **perdó** oder **perdoni** *(pardoh /pardonni)*

Sprichst du Englisch (Spanisch)? – **Parles anglès (castellà)?** *(parlas angläs/kastellà?)*

Ich spreche kein Spanisch/ Katalanisch – **No parlo castellà/ català** *(no parlu kastellà/katalá)*

Ich verstehe dich nicht – **no t'entenc** *(no t'antänk)*

Wer ist der Letzte? – **Qui es l'últim** *(ki äs lultimm)*

Ich – **Jo** *(jo)*

vegetarisch – **vegetarià** *(weschetariaaa)*

vegan – **vegà** *(wegaa)*

ohne Fisch, ohne Fleisch, ohne Eier – **sense peix, sense carn, sense ous** *(sänsa päsch, sänsa karn, sänsa ous)*

So ticken die Katalanen

Höflichkeit

Auf die Frage „Wie geht es dir?“ lautet die einzig mögliche Antwort: „Gut“. Man schüttet anderen nicht einfach auf der Straße sein Herz aus. Kummer behält man in der Regel für sich und erwähnt höchstens im persönlichen Familienkreis, wenn etwas nicht optimal läuft.

Wenn man irgendwo eingeladen ist, wird man stets gefragt, ob man etwas trinken möchte. Selbst wenn man klar und deutlich ablehnt, wird man noch ein zweites und drittes Mal gefragt. Das gehört zum guten Ton. Dementsprechend nimmt man auch nicht sofort etwas zu trinken an, sondern erst, wenn der Gastgeber wirklich insistiert – egal, wie durstig man ist.

Pünktlich – Zeit ist relativ

Katalanen kommen zu einer Verabredung häufig zu spät – eine halbe Stunde gilt noch als pünktlich. Viele Menschen hier empfinden Pünktlichkeit eher als unhöflich und interpretieren überpünktliches Erscheinen als leicht hektisch oder gar gierig. Wer etwas auf sich hält, nimmt sich die Zeit, die er braucht. Man übereilt nichts und bleibt immer schön souverän. Aber auch hier bestätigen Ausnahmen wie immer die Regel.

Bezahlen und Trinkgeld

Wenn Katalanen gemeinsam essen gehen, wird die Rechnung in der Regel durch die Zahl der Teilnehmer geteilt – egal, was der Einzelne bestellt hat. Gemeinsam isst man von den Tellern, die in die Mitte gestellt werden. Trinkgeld ist unter Einheimischen weniger üblich. Von Touristen sind die Kellner jedoch Anderes gewohnt und freuen sich sehr über ein paar Euro extra. In Deutschland ist es üblich, den Rechnungsbetrag mit „Stimmt so“ aufzurunden. Das funktioniert hier meist nicht. Kellner geben jeden Cent Wechselgeld raus. Statt sich umständlich zu erklären, ist es wesentlich einfacher, das Wechselgeld anschließend als kleines Dankeschön auf dem Tisch liegen zu lassen.

Ordnung im Chaos

Es gibt ein ungeschriebenes Gesetz beim Schlangestehen. Sobald man einen Laden betritt, fragt man, wer der Letzte ist: „*Qui es l'últim?*" So kann man sich das Gesicht desjenigen merken, der sich daraufhin meldet, und weiß, wann man selbst dran ist. Kommt danach noch jemand in den Laden, wird dieser dasselbe fragen. Dann ist man dran, „*jo*" zu antworten oder einfach kurz stumm die Hand zu heben. Jeder merkt sich nur die jeweils letzte Person in der Schlange. Darum können hier auch alle wild durcheinander stehen. Kompliziert wird es nur, wenn jemand vorzeitig die Schlange verlässt. Normalerweise gibt der Ausbrecher dann demjenigen, der nach ihm an der Reihe ist, ein entsprechendes Zeichen. So kann sich der Nachrücker nun ein neues Gesicht merken.

Kleidung

Katalanen und Spanier legen grundsätzlich viel Wert auf gepflegtes Aussehen, gebügelte Kleidung und den wöchentlichen Friseurbesuch. Auch wenn die junge Generation das Thema Kleidung etwas lockerer sieht, würden auch die einheimischen Jugendlichen niemals in Badeklamotten durch die Stadt laufen, im Bikini oder gar mit freiem Oberkörper im Restaurant erscheinen. Badekleidung trägt man ausschließlich am Strand.

Seny i Rauxa

Viele Katalanen vereinen diese beiden gegensätzlichen Charaktereigenschaften in sich: *Seny* bedeutet so viel wie gesunder Menschenverstand, Vernunft, eine Bodenständigkeit im Denken. Es steht für den instinktiven und verlässlichen Sinn der Katalanen für die Ordnung in der Welt. Alles Neue wird zunächst einmal misstrauisch beäugt. Der Katalane mit *seny* springt nicht auf jeden Trend auf, der modern daherkommt. Katalanen betrachten *seny* oft als eine Art nationalen Charakterzug. Er bezeichnet ihr stets gemäßigtes Auftreten, eine tugendhafte Vernunft und unbedingten Pragmatismus.

Rauxa ist das genaue Gegenteil von *seny*. Es ist eine unkontrollierte Emotion, die plötzlich hervorbricht. Dazu gehört auch, ausgelassen Feste zu feiern und bei der Johannisnacht am 23. Juni sehr laute Knaller und riesengroße Feuer anzuzünden. Zur *rauxa* zählt auch der katalanische Hang zum skatologischen Humor. In Witzen, Redensarten und sogar in den weihnachtlichen Bräuchen spielen Fäkalien eine wichtige Rolle.

Typische Feste und Bräuche

Zu den schönen Traditionen an der Costa Brava gehören die zahlreichen Dorffeste. Jeder kleine Ort hat seine ganz eigene Festa Major, die meist mit dem Namenstag des Stadtpatrons beginnt. Zu den allerwichtigsten Figuren und Aktivitäten gehören die Gegants, Castells, die Sardana und die Correfocs. Im 19. und 20. Jahrhundert wären viele Traditionen fast verloren gegangen. Erst mit dem Beginn der Demokratie begannen die Katalanen in den 1980er Jahren, diese Bräuche wiederzubeleben. Heute sind sie sehr populär.

Auf Seite 90 erfährst du, wo Gegants und Capgrossos hergestellt werden.

Gegants und Capgrossos

Gegants sind Riesen, Capgrossos sind Dickköpfe – gigantische Pappmachéfiguren, die bei lauten und lustigen Umzügen durch die Straßen getragen werden. Jedes Dorf hat meistens ein Paar der Riesen und jede Menge Dickköpfe. In feierlichen Prozessionen tanzen die großen und kleinen Figuren bei der Festa durch den Ort. Erstmals tauchten sie im Mittelalter als Begleitung der Fronleichnamsprozessionen auf. Bald schon entwickelten sie sich zu fröhlichen Figuren und wurden ein wichtiger Bestandteil aller Dorffeste.

Castells

Eine sehr fragile Angelegenheit sind die Menschenpyramiden, die die Katalanen gleich in mehreren Stockwerken bauen. Sie sind ein Symbol für Stärke, Ausgeglichenheit, Mut und Vernunft. Jedes Mitglied hat eine feste Aufgabe innerhalb der Gruppe. Die Stärksten kommen nach unten, die Leichtesten stehen ganz oben. Ganz wichtig ist die Pinja, diejenigen, die um die Pyramide herum stehen. Sie müssen helfen, das Castell zu stützen, damit es fest und sicher ist. In unglaublicher Geschwindigkeit wird der Turm aufgebaut. Es gilt erst dann als geschafft, wenn der kleinste Kletterer ganz oben angekommen ist und einmal kurz die Hand gehoben hat. Dann wird alles wieder abgebaut – schnell, aber geordnet.

Tanz der Teufel

Wenn man sich im Sommer plötzlich mitten in einer Gruppe Vermummter wiederfindet, dann ist das sehr wahrscheinlich ein Correfoc oder ein Ball de Diables. Es bleiben jetzt zwei Möglichkeiten: schnell abhauen oder die Kamera zücken. Sobald Trommelwirbel ertönen, geht das Spektakel los. Die als Teufel verkleideten Tänzer schwingen im Rhythmus Feuerwerkskörper aller Art. Feuer und Funken sprühen wild durch die Gegend. Es ist laut und auch nicht ganz ungefährlich, aber sehr beeindruckend. Diese Höllentänze stammen aus dem Mittelalter und stellten ursprünglich den Kampf des Guten gegen das Böse dar.

Sardana, der Kreistanz

Für die Katalanen ist die Sardana viel mehr als nur ein Tanz. Es ist ein Ausdruck ihrer kulturellen Identität. Sobald die Musik der Cobla, der volkstümlichen Sardana-Band mit ihren traditionellen Instrumenten, ertönt, stellen sich die Menschen im Kreis auf. Frau und Mann, kleine Kinder und Senioren, alle machen mit. Schnell werden Handtaschen und Rucksäcke in die Mitte gestellt, dann schreiten alle tanzend im Kreis. Auch Nachkommende können sich gern einreihen. Wichtig ist nur, dass Mann und Frau nach Möglichkeit abwechselnd nebeneinander stehen.

Der Hang zum Häuflein

In Deutschland ist Weihnachten ein eher stilles, besinnliches Fest. Nicht so in Katalonien. Jeder, der schon mal spanische Weihnachtslieder gehört hat, weiß das: laut und munter, eher Dur als Moll. Da werden fröhlich Volkstänze getanzt und man kauft oder sucht sich einen Holzscheit, der dann an Heiligabend Geschenke ausscheidet: den *caga-tió*. Ein besonders dicker, schöner Holzscheit aus dem Wald wird mit einem Gesicht bemalt und bekommt eine Mütze aufgesetzt. Damit ihm nicht kalt wird, kriegt er eine Decke. In der Adventszeit wird er von den Kindern mit Obstresten gefüttert. Am 24. Dezember schlägt ihm sein Stündlein: Mit einem Stock hauen die Kinder auf den Holzscheit ein und singen dabei ein Lied. Unter den Schlägen „kackt" dieser dann kleine Geschenke, meist Süßigkeiten, aus.

Außer Maria und Josef, Ochse und Esel gehört der Caganer, ein kleiner Hirtenjunge, in jede katalanische Weihnachtskrippe. Der Häufchen machende Hirte ist mittlerweile so beliebt, dass es ihn als typisch katalanisches Andenken das ganze Jahr über zu kaufen gibt.

„*Caga tió, caga torró, avellanes i mató, si no cagues bé et daré un cop de bastó. Caga tió!*" Übersetzt heißt das: „Jetzt kack schon, du Holzscheit, kacke uns Torró, Haselnüsse und Mató. Wenn du nicht gut kackst, setzt es Prügel mit dem Stock. Kacke, du Holzscheit!" Die Kinder lieben es und niemand findet es eigenartig. Auf dem Dorfplatz werden meist riesengroße *cagatiós* aufgebaut.

Passend zur katalanischen Vorliebe für alles, was der Mensch so ausscheidet, gibt es auch ein Gebäck: Nonnenfürzchen, *pet de monja*, sind leckere kleine Kekse. Dabei hatte der aus Italien stammende Bäcker, der sie einst erfand, etwas ganz anderes im Sinn, als er seine Kreation *petto di monacca*, also eigentlich Nonnenbrüstchen, taufte. In Barcelona wurde aus dem italienischen *petto* für Brust dann ganz schnell *pet*, das katalanische Wort für Furz.

BESONDERS SCHÖNE FESTE

Neben der traditionellen *Festa Major* gibt es in einigen Orten auch noch ganz besondere Feste, die an bestimmte Ereignisse erinnern, wie zum Beispiel die Fira d'Indians oder die Cantada d'Havaneres.

Girona Temps de Flors (Mitte Mai): Girona verwandelt sich für ein paar Tage in ein Meer aus Blumen und Kunstwerken.

Palafrugell Cantada d'Havaneres (am ersten Wochenende im Juli): Sehnsuchtsvolle Seemannslieder erklingen von unzähligen Booten in den Buchten von Calella.

Lloret de Mar Santa Cristina Festa Major (Ende Juli): Die Statue der Heiligen Christina wird mit Booten zur Kapelle gefahren, anschließend wird gemeinsam gegessen.

Begur Fira d'Indians (am ersten Wochenende im September): Begur feiert ganz in Weiß gekleidet die Indianos, die aus Kuba Heimgekehrten, mit karibischem Ambiente der Jahrhundertwende.

Castellò d' Empùries Terra de Trobadors (am zweiten Wochenende im September): Das Fest der Troubadoure, Minnesänger und Gaukler erinnert an die glanzvolle Zeit der kleinen Stadt, die im Mittelalter ein wichtiges Zentrum der Tuchhändler war.

Torroella de Montgrí Fira de Pirates i Corsaris (am dritten Wochenende im September): Wilde Piraten erobern die Illes Medes und werden von den Einwohnern erfolgreich vertrieben.

So schmeckt die Costa Brava

Essen hat in Katalonien eine zentrale Bedeutung. Es ist mehr als nur Nahrungsaufnahme. Es ist die Basis, aus der sich der Tagesplan entwickelt – und es ist ein soziales Zusammentreffen, ein Beisammensein von Familie und Freunden.

Was du unbedingt probieren solltest

Katalonien ist geografisch zum einen von der langen Küste, zum anderen von den Gebirgszügen der Pyrenäen geprägt. Das macht auch das Besondere der Küche aus.

Mar i Muntanya (Meer und Berge) ist ein Klassiker an der Costa Brava. Ein deftiger Eintopf aus Fleisch, Gemüse und Meeresfrüchten – in verschiedenen Kombinationen: etwa Huhn mit Languste, Tintenfisch mit Fleischklößchen oder Schweinerippchen mit Kabeljau. Der Geschmack des Waldes und der Berge kommen mit den Aromen des Meeres in einem Gericht zusammen. Oft bekommt man Mar i Muntanya im Restaurant El Balcó de Calella bei Palafrugell (Seite 141).

Calçots sind eine Art Frühlingszwiebel, die im Winter geerntet und bei der Calçotada, einem Volksfest, gemeinsam mit Freunden und der Familie gegessen werden. Die Calçots werden gegrillt, bis sie kohlrabenschwarz sind. Dann wird die verkohlte Schicht mit der Hand abgepuhlt – eine lustige, sehr leckere Sauerei. Dazu gehört die würzige Salsa Romesco, die vorwiegend aus Tomaten, Mandeln und Knoblauch zubereitet wird.

Calçots

Ein **Fricandó** besteht aus sehr dünnen Scheiben Rindfleisch, die mit Rotwein und einem Sud aus getrockneten, in Cognac eingelegten Maipilzen gekocht werden. Dazu kommt ein **Sofregit**, die Grundlage vieler katalanischer Gerichte: eine Soße aus angebratenen Zwiebeln und frischen Tomaten, in der alles ein paar Stunden zieht.

Allioli, die bekannte Knoblauchsoße, wird ähnlich wie Mayonnaise zubereitet und besteht vorwiegend aus Knoblauch *(all)* und Öl *(oli)*.

Cim i Tomba haben die Fischer früher auf hoher See gegessen. Fische, die sich schlecht verkaufen ließen, wurden mit Allioli angebraten und mit Kartoffeln zu einem Eintopf gekocht. Im Restaurant Bahia in Tossa de Mar wird Cim i Tomba nach traditioneller Art zubereitet (Seite 173).

Für eine **Escalivada** wird Gemüse so lange geröstet, bis es schwarz wird. Meist Aubergine, rote Paprika und Zwiebel. Dann zieht man die verbrannte Haut ab und isst das zarte Gemüse, heiß oder auch kalt.

Trinxat ist ein Püree aus weichgekochtem Kohl, Kartoffeln mit Speck und Knoblauch. Da Kohl ein Wintergemüse ist, findet man das Gericht nur in der kalten Jahreszeit in rustikalen Restaurants auf der Karte.

Botifarra amb Mongetes, eine grobe Bratwurst mit weißen Bohnen, ist ein schlichtes Essen, das man in Restaurants findet, in denen viele Einheimische verkehren, wie zum Beispiel im El Pedró in Pals (Seite 127).

Pa amb Tomàquet ist die Quintessenz der katalanischen Küche: Geröstetes Bauernbrot wird erst mit Knoblauch, dann mit einer halben reifen Tomate eingerieben – darauf wird kaltgepresstes Olivenöl geträufelt. Es wird als Vorspeise oder Tapa gereicht.
Die Katalanen genießen in Spanien den Ruf, extrem sparsam zu sein. Die Menschen hier waren arm und mussten mit den wenigen Lebensmitteln, die sie hatten, klug haushalten. So warf man trockenes Brot nicht weg, wie es in der feinen Gesellschaft am Hof des Königs

Pa amb Tomàquet

üblich war. Hartes Brot wurde mit reifen Tomaten eingerieben, um es wieder weich und essbar zu machen. Mit etwas Öl entstand eine einfache, nahrhafte Mahlzeit, die auch der Arbeiter auf dem Feld schnell zubereiten konnte.

Das Tomatenbrot aus frischen, guten Zutaten schmeckt hervorragend, sodass es heute selbst in feinen Restaurants auf den Tisch kommt. Um ein perfektes Ergebnis zu erzielen, werden spezielle Tomatensorten, die Tomàquet de penjar oder Tomàquet per sucar, verwendet. Sie sind so weich, dass man das gesamte Fruchtfleisch ins Brot reibt und nur die hauchdünne Tomatenhaut zurückbleibt.

Fideuà

An der Costa Brava isst man traditionell keine Paella, sondern **Arros**, einen cremigen Reiseintopf. Die sogenannten Arrosserias haben zahlreiche Varianten im Menü. Eine empfehlenswerte Adresse ist die Arrosseria Falconera in Roses (Seite 79).

Eine besondere Spezialität ist der **Arros negre**, schwarzer Reis. Mit kleinen Tintenfischen und echter Tinte gekocht, ist das Gericht tatsächlich schwarz. Besonders gut bekommt man Arros negre im Restaurant Vicus in Pals (Seite 127).

Eine **Fideuà** (heißt an der Costa Brava Fideus a la cassola) wird ähnlich wie eine Paella in der Pfanne zubereitet, nur nimmt man feine Fadennudeln statt Reis. Fideuà gibt es zum Beispiel im Restaurant Can Sabata in Lloret de Mar.

Mel i Mató, Honig auf einem typisch katalanischen Frischkäse aus Kuh- oder Ziegenmilch – mein Lieblingsnachtisch. Der Biobauernhof Granja Mas Bes in Salitja stellt den Mató selbst her. Wer mehr über die

Herstellung erfahren möchte, kann sich für eine Führung mit Verkostung anmelden (masbes.net).

Die Katalanen streiten sich gern mit den Franzosen, was zuerst da war: die **Crema Catalana** oder die Crème Brulée. Beide Desserts basieren auf einer Puddingcreme und werden von einer köstlichen Schicht aus karamellisiertem Zucker bedeckt, doch die Crema Catalana wird mit Milch zubereitet und mit Zitronen-oder Orangenschale abgeschmeckt, während die Crème Brûlée unter Zugabe von Sahne und Vanillezucker gekocht wird.

KLEINE KAFFEEKUNDE

Die Kombination Kaffee und Brötchen ist unüblich. Katalanen bestellen zum Kaffee meist etwas Süßes wie Croissants oder Donuts.

Cafè
Einfacher Espresso, stark und schwarz

Cafè Americà
Mit Wasser gestreckter Espresso, entspricht ungefähr dem deutschen Filterkaffee

Cafè amb Gel
Es werden ein Espresso und ein Glas mit Eiswürfeln serviert. Man rührt sich erst die gewünschte Menge Zucker in seinen Espresso und kippt diesen dann über die Eiswürfel.

Cafè amb Llet
Espresso mit viel Milch, aber selten aufgeschäumt

Tallat
Espresso mit einem Schuss Milch

Cigaló
Espresso mit einem Schuss Anis, Cognac, Brandy, Baileys oder Rum

Trifàsic
Espresso mit Milch und Schuss

DIE KUCHEN-ENTTÄUSCHUNG

Kuchen spielt eine viel kleinere Rolle als in Deutschland. Wenn überhaupt, isst man ihn nicht am Nachmittag, sondern als Dessert nach dem Mittagessen. Er wird auch nicht selbst gebacken, sondern beim Konditor gekauft – und man zahlt 30 bis 40 Euro für einen kleinen Kuchen. Der sieht dann zwar edel aus, aber alle angebotenen Sorten schmecken nach süßer Cremefüllung. So etwas wie Omas Apfelkuchen kennt man kaum. Zuhause selbst zu backen und gar einen Kuchen zum Geburtstag mitzubringen, war früher angeblich ein Zeichen dafür, dass man sich nichts Besseres leisten konnte.

Wann gibt es was zu essen?

Katalanen essen meist zu anderen Zeiten, als es in Deutschland üblich ist. Wer sich dem lokalen Rhythmus anpasst, findet Restaurants, in denen auch die Einheimischen essen.

Frühstück *(el esmorzar)*
Im Gegensatz zu einem ausgiebigen deutschen Frühstück mit verschiedenen Brötchen, Honig, Wurst und Käse, fällt das Frühstück hier karg aus. Viele trinken nur einen Kaffee und essen zwei Kekse, wenn überhaupt. Erst am späten Vormittag geht der Katalane in eine Bar und bestellt ein großzügig belegtes Brot mit Wurst, Käse oder Omelette.

Vermut
Wer sich zum Vermut verabredet, geht am späten Vormittag mit Freunden draußen etwas trinken, bevor es dann zum ausführlichen Mittagessen geht.

Mittagessen *(el dinar)*
Das Essen wird in Katalonien regelrecht zelebriert. Man nimmt sich Zeit, denn der soziale Aspekt spielt nach wie vor eine wichtige Rolle. An den Wochenenden oder an Feiertagen kann ein Mittagessen schon mal mehrere Stunden dauern. Aber auch unter der Woche rechnen viele Katalanen mit zwei Stunden Mittagspause. Das Mittagessen beginnt nicht vor 14 Uhr. In manchen Haushalten isst man früher, doch die Restaurants öffnen in der Regel erst um diese Zeit.

Berenar *(el berenar)*
Die kleine Zwischenmahlzeit am Nachmittag ist vor allem für Kinder wichtig. Wenn sie aus der Schule kommen, erwartet sie ein kleiner Snack. Der kann sowohl süß als auch salzig sein. Man muss nicht förmlich am Tisch sitzen, sondern kann durchaus auch auf dem Spielplatz ein Berenar einnehmen.

Abendessen *(el sopar)*
Das Abendessen findet ab 21 Uhr statt. Einerseits ist es tagsüber so heiß, dass man sich erst an den Tisch setzt, wenn es kühler wird. Andererseits klingt ein gewöhnlicher Wochentag hier auch später aus als in Deutschland. Die Büros und Geschäfte sind länger geöffnet und man kommt erst spät von der Arbeit nach Hause. Ein normales Abendessen ist, gerade weil es so spät stattfindet, meist ein eher leichtes Essen wie Salate oder Tortilla.

Wo kann man essen gehen?

Bar
Eine Bar in Spanien ist die einfachste Form eines Restaurants. Hier gibt es Kleinigkeiten zu essen wie belegte Brote, manchmal auch einfache Tapas und andere schnell zubereitete Gerichte. Die meisten Bars sind preislich sehr erschwinglich. In eine Bar geht man, wenn man nur schnell einen Kaffee trinken will, zum zweiten Frühstück um elf Uhr, nachmittags auf eine Cola oder nach der Arbeit auf ein Feierabendbier.

Restaurant
Das Mittagessen findet zwischen 14 und 17 Uhr, Abendessen zwischen 21 und 24 Uhr statt. In vielen Küstenorten ist man allerdings oft auf den frühen Hunger der Touristen eingerichtet und hat die Öffnungszeiten den ausländischen Besuchern angepasst.

Mittags ist es üblich, ein *Menú* zu bestellen. Das Menü besteht aus einer Kombination aus Vorspeise, Hauptspeise, Dessert und einem Getränk. Wenn man kein ganzes *Menú* will, bestellt man ein halbes: Dann hat man einen Gang und ein Getränk sowie die Wahl zwischen Nachtisch und Kaffee.

Üblicherweise wartet man am Eingang des Restaurants, bis man einen Tisch zugewiesen bekommt.

Endlos wandern

Ein ganz besonderer Wanderweg verläuft fast parallel zur Küste und führt in einige der schönsten Buchten der Costa Brava. Auf weiten Abschnitten stimmen die Camins de Ronda (wörtlich übersetzt „Rundwege") mit dem Fernwanderweg GR 92 überein, der über eine Strecke von insgesamt 200 Kilometern von Portbou bis nach Blanes führt.

In früheren Jahrhunderten nutzten Fischer und später auch Schmuggler die alten Küstenpfade, um schnell von einer Bucht zur anderen zu gelangen. Deswegen gibt es nicht nur einen einzigen Camí de Ronda, sondern viele. Jedes Küstendorf hat seine eigenen Schleichwege, die teilweise von dem offiziell markierten Wanderweg GR 92 abweichen.

Noch im Mittelalter wurden viele kleine Fischerdörfer an der Küste häufig Opfer von grausamen Piratenüberfällen. Entlang des Camí de Ronda kann man daher die Ruinen einiger alter Wehrtürme erkennen, die die Bewohner zu ihrem Schutz errichtet hatten. Von diesen Türmen aus konnten sie das Meer beobachten und Alarm schlagen, sobald feindliche Schiffe vor der Küste auftauchten.

Wenn man nur ein paar Stunden spazieren gehen möchte, kann man sich problemlos allein auf den Weg machen. Für mehrtägige Wander- oder Trekkingtouren kann man sein Gepäck etappenweise von Herberge zu Herberge transportieren lassen. Lokale Guides bieten geführte Touren an.

Info

Für Wander- und Trekkingrouten kann man Wouter kontaktieren. Er bietet Wander- oder Radtouren mit Guide oder Touren nur mit GPS-Koordinaten an. Wouter lebt seit vielen Jahren hier, spricht perfekt Deutsch und ist sehr sympathisch.

trekandride.com

Die schönsten Abschnitte

Kurz hinter der französischen Grenze kann man von Portbou oder Cadaqués aus durch den **Naturpark Cap de Creus** bis nach Roses wandern. Dabei geht es durch einige der schönsten und abgelegensten Buchten der Costa Brava.

Leichter zugänglich und auch für einen schönen Spaziergang geeignet, ist der Camí de Ronda bei **Palafrugell**. Dort verbindet der Wanderweg die Strandsiedlungen von Tamariu, Llafranc und Calella. Im Sommer herrscht hier meist reges Treiben, aber im Herbst oder Winter ist man fast allein unterwegs.

Weiße Häuser, alte Fischerhütten und ein paar vereinzelt im Sand liegende Boote findet man auch bei **Palamós**. Malerisch führt der Wanderweg mal am Strand entlang, mal durch kleine Wälder, die bis ans Ufer reichen. Steile Klippen wechseln sich mit üppigem Grün ab. Ein paar Steine und Baumwurzeln gilt es zu überwinden, dann erreicht man eine der schönsten Buchten der Costa Brava, die Cala S'Alguer.

Ein neu angelegter, ebenfalls schöner und bequem zu laufender Weg, der auch für Personen im Rollstuhl und Kinderwagen geeignet ist, führt von **S'Agaro** aus an schicken Villen vorbei nach Platja d'Aro und Sant Antoni de Calonge.

Hinter der Dona Marinera, der Seemannsbraut, die am Strand von **Lloret de Mar** sehnsüchtig aufs Meer hinaus blickt und nach ihrem Liebsten Ausschau hält, findet man einen romantischen und leicht zu wandernden Abschnitt des Camí de Ronda.

FRANKREICH
ALT EMPORDÀ
BAIX EMPORDÀ
Sant Quirze de Colera Seite 46
Portbou Seite 48
Colera Seite 50
Mollet de Peralada La Vinyeta Seite 42
Llançà Seite 50
El Port de la Selva Seite 54
Pla de la Tudela
Sant Pere de Rodes Seite 58
Portlligat Seite 72
Cap de Creus Seite 60
Cadaqués Seite 66
Figueres Seite 72
Castelló d'Empúries Seite 80
Roses Seite 76
Siurana d'Empordà Mas Marcè Seite 88
Empuriabrava Seite 58
Cap Norfeu
Navata Seite 90
Aiguamolls de l'Empordà Seite 82
Golf de Roses
Sant Martí d'Empúries Seite 86
L'Escala Seite 92

Alt Empordà

Alt Empordà ist die nördlichste Region der Costa Brava. Hier treffen die Ausläufer der Pyrenäen auf das Mittelmeer und lassen eine beeindruckende Landschaft entstehen. Die unberührte Natur des Cap de Creus und die skurrilen Felsformationen im Pla de la Tudela sind traumhaft, wenn einen die Wanderlust packt. Im Naturpark Aiguamolls findet man Ruhe und Abgeschiedenheit. Auf charmanten kleinen Weingütern kann man direkt vom Winzer kaufen.

Für Wassersportler ist der Golf von Roses perfekt. Mitten in der sonst rauen Felsenküste gibt es in der geschützten Bucht scheinbar endlos lange Sandstrände. Es wimmelt nur so von Tauchschulen. Kite- und Windsurfequipment wird an fast jeder Strandbar vermietet, und Kinder lieben das seichte Wasser dieser Strände. Im Sommer locken zahlreiche Campingplätze rund um Aiguamolls Besucher an.

WEINGUT LA VINYETA

Am Fuße der Pyrenäen

Ganz im Norden Kataloniens, im Hinterland der Costa Brava kurz vor den Pyrenäen, werden ein paar ausgezeichnete Weine angebaut.

Über einsame Landstraßen führt der Weg gen Norden. Die Pyrenäen ragen majestätisch in den Himmel. Den Verkehr und die breiten Straßen haben wir längst hinter uns gelassen. Je näher wir den Bergen kommen, desto einsamer und stiller wird es um uns herum. Rechts und links nur Maisfelder, Wiesen und Weinreben. Ab und zu erscheint ein alter Kirchturm in der Ferne. Nur dreißig Kilometer von den Stränden der Costa Brava entfernt herrscht Ruhe und Beschaulichkeit.

Hier oben liegt das Weingut La Vinyeta, ein komplett ökologisch orientierter Familienbetrieb. 2002 kauften Josep und Marta das Land und begannen mit der Arbeit. Schnell wuchs das Anbaugebiet von vier Hektar auf die heutige Größe von fünfzig Hektar. Jede einzelne Traube wird per Hand gelesen. Das ist mühsam und teurer als mit Maschinen, aber die traditionelle Traubenlese hat einen entscheidenden Vorteil: Die Pflücker können faule oder zu junge Trauben von den reifen unterscheiden.

Vorwiegend wird Cabernet Sauvignon angebaut, daneben auch traditionelle Sorten der Region wie die dunkle, tanninreiche Carinyena, die fruchtige Garnatxa oder die goldgelbe Xarel·lo mit ihrem weißkohlähnlichen Aroma.

Erleben

Einmal im Jahr kann man bei **La Verema, einer echten Weinlese,** dabei sein – und selbst mit anpacken. Ein paar Kinder toben durch die Gegend, und wir versammeln uns auf dem Hof. Die Verema ist ein echtes Familienevent. Es sind sowohl einheimische als auch ausländische Familien dabei.

Als alle eingetrudelt sind, erklärt uns Weinbauer Josep den Ablauf und welche Trauben wir pflücken dürfen. Reife Trauben erkennt man an der Farbe. „Um ganz sicher zu gehen, müsst ihr aber noch einen zweiten Test machen. Reife Trauben schmecken angenehm süß. Probiert also immer mal ein paar." Die Kinder hüpfen vor Aufregung von einem Bein aufs andere. Eimer und Scheren werden verteilt, wir dürfen loslegen. In schnurgeraden Linien scheinen die Rebstöcke brav aneinander gereiht fast bis zum Horizont zu reichen. Die gefüllten Eimerchen leeren wir in einen großen Behälter am Rand der Weinstöcke. Als auch dieser bis oben voll ist, fährt ein Stapler unsere Ernte zum Hauptgebäude.

Jetzt kommt der nächste Teil der Weinlese, der Hauptspaß. „Habt ihr euch denn auch alle die Füße gewaschen?", fragt Josep schelmisch grinsend in die Menge. „Jaaaaa!" Selbstverständlich haben alle Kinder saubere Füße! Jeder will als Erster in einen der großen Pötte springen und Weintrauben stampfen. Und dann treten sie, kichern und lachen und musen die Trauben zu Brei, bis schließlich

Saft entsteht. Nach fast einer Stunde ist es soweit. Der ganze Obstbrei wird in eine Presse gekippt. Josep dreht an dem großen Rad, und schon laufen die ersten Tropfen heraus. Der Most wird professionell aufgefangen und abgefüllt. Das machen jetzt aber die Großen. Alle dürfen probieren. Unser selbstgemachter Traubensaft schmeckt fantastisch: süß, fruchtig, mit einer leichten Note von Waldboden. Leider hat der Most keine Zeit, zu einem guten Wein heranzureifen. Dafür trinken wir nämlich viel zu viel.

Die Weinlese findet in den letzten August- oder ersten Septemberwochen statt. Führungen inkl. Weinprobe und Olivenölverkostung werden auch auf Englisch angeboten, besonders schön ist die Variante mit anschließendem Picknick. Inzwischen gibt es auch Konzerte am Abend oder Yoga- und Mindfulness-Aktivitäten. Wer gern inmitten der Weinberge übernachten möchte: Man kann **kleine Apartments** mit Frühstück (alle Zutaten aus der Region) mieten.

Celler La Vinyeta
Carretera de Mollet a Masarac
17752 Mollet de Perelada
lavinyeta.es

Essen

Auf dem Weg zum Weingut liegt das kleine **Restaurant Turó de la Perdiu**. Spezialität sind Reisgerichte. Im Sommer gibt es abends manchmal Konzerte.

Carretera de Roses, 17780 Garriguella

SANT QUIRZE DE COLERA

Das verlassene Kloster

Still ist es hier oben. Und grün. Weit ab vom bunten Treiben an den Stränden liegt die Abtei Sant Quirze. Vom Dorf, zu dem einst das Kloster gehörte, sind nur noch ein paar Steine auf dem Feld zu sehen.

Der Legende nach wurde das Benediktinerkloster im 8. Jahrhundert von zwei Brüdern gegründet, die mit Karl dem Großen in die Spanische Mark gezogen waren, um das christliche Europa vor den Angriffen der Mauren zu schützen. Früher führten die Wege von Frankreich nach Spanien hier entlang, weil die Ausläufer der Pyrenäen leichter zu überqueren sind. Die Abtei spielte an diesem strategisch geschickten Punkt eine wichtige Rolle und schnell wuchs ein richtiges Dorf drumherum.

Im Laufe der Jahrhunderte zerstörten Erdbeben und plündernde Heere die Anlage. Nachdem die Piraterie ein Ende fand und die Küsten sicherer wurden, zog es die Leute ans Meer. Viele Dörfer im Hinterland verschwanden von der Landkarte. Zwischen gelb leuchtenden Ginsterbüschen und weidenden Kühen liegen heute die Ruinen des Klosters verlassen in der Landschaft.

Essen

Auch wenn man das Gefühl hat, in die völlige Abgeschiedenheit der Berge zu fahren, gibt es am Kloster ein kleines Restaurant, **El Corral de Sant Quirze**.

Info

Camí de Sant Quirze de Colera,
17754 Rabós

Öffnungszeiten und Smartphone-App:
empordaturisme.com/en/heritage/monastery-of-sant-quirze-de-colera/

Eintritt: 3 Euro

Über die Grenze

Wir spazieren durch das winzige Portbou, ganz im Nordosten Spaniens. Auf der anderen Seite des Berges liegt Frankreich. Von dort floh der deutsche Philosoph Walter Benjamin zu Fuß vor den Nazis.

Für die Spanier war Portbou früher das Tor nach Europa. Die alte Bahnstation ist überraschend groß, bis zur Eröffnung der neuen Schnellzugstrecke war der Bahnhof ein wichtiger Knotenpunkt. Heute sind die schönen Gebäude fast verlassen. Nur selten steigen ein paar Reisende aus. Das riesige Zollhaus steht leer. Einschusslöcher an den Wänden der Gebäude erinnern an den Spanischen Bürgerkrieg. Portbou scheint in einem Dornröschenschlaf versunken.

Berlin, Paris, Portbou – drei Stationen im Leben Walter Benjamins. 1892 wurde der Philosoph in Berlin als Sohn eines jüdischen Antiquitätenhändlers geboren. Er übersetzte Marcel Proust, arbeitete mit Bertold Brecht zusammen. Theodor Adorno war ein enger Freund.

1933 floh Walter Benjamin vor den Nationalsozialisten nach Frankreich. Mehr schlecht als recht überlebte er in Paris, wo er auch die Publizistin Hannah Arendt kennenlernte. Der Philiosoph Max Horkheimer und andere Exilanten versuchten ihn zur Ausreise in die USA zu überreden. Doch er wollte in Europa bleiben. Schließlich gab es keinen anderen Weg mehr. Freunde hatten ihm ein Visum für die Vereinigten Staaten besorgt. Die Fluchtroute sollte über Spanien führen. Kurz bevor die deutschen Truppen 1940 in Paris einmarschierten, verließ Walter Benjamin die Stadt mit dem letzten Zug. In Südfrankreich machte er sich gemeinsam mit der österreichischen Widerstandskämpferin Lisa Fittko zu Fuß auf den beschwerlichen Weg über die Grenze nach Spanien. Zu diesem Zeitpunkt war er bereits krank. Kaum waren die

Flüchtenden in Portbou angekommen, wurden sie von der spanischen Polizei festgenommen. Auch das von Franco regierte Spanien war für Benjamin nicht mehr sicher, denn der Diktator buhlte um die Gunst Hitlers und machte gemeinsame Sache mit den Nationalsozialisten.

Die Situation des Philosophen schien hoffnungslos. Er schrieb einen letzten Brief an seinen Freund Adorno. Noch in der Nacht nahm er sich mit einer Überdosis Tabletten das Leben.

Seit 1994 gibt es in Portbou eine Gedenkstätte aus drei Teilen. In einem Tunnel aus Stahl führt eine Treppe den steilen Hang hinab zum Meer, wo das wilde Wasser des Mittelmeeres sich an den Felsen bricht. Über einen steinigen Trampelpfad muss man sich, wie die Flüchtenden damals, einen holprigen Weg durch das hügelige Gelände bis zu einer Treppe suchen. Ein paar Meter weiter befindet sich ein Quader auf einer Plattform, der dritte Teil der Gedenkstätte. Stellt man sich darauf, kann man über den Zaun nach Frankreich sehen.

COLERA BIS LLANÇÀ

Auf Trampelpfaden

Der in Portbou startendene Fernwanderweg GR-92 führt auf seiner ersten Etappe durch Colera, ein kleines Dorf an der Küste des Alt Empordà. Auf dem Weg durch den winzigen Ort kommt man an einer beeindruckenden Eisenbahnbrücke aus dem letzten Jahrhundert vorbei.

Ziemlich laut rattern die Waggons in zwanzig Metern Höhe über die Köpfe hinweg. Die eiserne Konstruktion erinnert ein wenig an einen schlafenden Eiffelturm. Kein Wunder, denn entworfen wurde diese Brücke vom Büro des Ingenieurs Gustav Eiffel.

Anstatt das Dorf nur zu durchqueren, kann man in Colera eine kleine Wanderung auf einem Camí de Ronda unternehmen und rund um die Punta del Frare bis zur Platja de Garbet und von dort auf dem GR 92 zurück ins Dorf laufen. Dieser Camí de Ronda ist einer der zahlreichen Pfade, auf denen früher die Fischer und auch Schmuggler von einer Bucht zur anderen gelangten. Viele dieser Wege sind später zum Fernwanderweg GR 92 zusammengefasst worden. Doch nicht immer führt der weiß-rot markierte GR entlang der Camíns de Ronda.

Im Hafen geht es zunächst über eine gelbe Brücke und dann den kleinen Hügel hinauf. Immer an der Küste entlang führt ein Trampelpfad durch buschiges Grün bis zum höchsten Punkt des Kaps. Wild wachsender Rosmarin und mediterrane Sträucher verbreiten einen sommerlichen Duft. Oben angekommen hat man ein paar Kanonen aufgestellt, die von drei im 18. Jahrhundert vor der Küste untergangenen Schiffen stammen sollen. Auf der anderen Seite des Hügels führt der Camí de Ronda zunächst auf einer Schotterpiste bergab. Agaven und Kakteen blühen am Wegesrand und

Colera
1 Kilometer
Platja de Garbet
Platja del Cros
Platja Grifeu
Platja Argilera
Platja del Port
Llançà
El Cau d'en Llop

locken bunte Schmetterlinge an. Nach einer Weile biegt der Camí de Ronda in ein Pinienwäldchen ab und führt zu einem kleinen Kieselstrand. Auch wenn es so aussieht, als wäre der Weg dort an einem Privatgrundstück zu Ende, schlängelt sich der Camí de Ronda an dem Grundstück vorbei. Dicht an den Felsen entlang führen die gelben Markierungen tatsächlich trockenen Fußes bis an die Platja de Garbet. Während dieses letzten Stücks muss man ein wenig zwischen Felsen klettern und von Stein zu Stein hüpfen. Das macht am meisten Spaß, weil man dem Meer ganz nah kommt und die kleine Wanderung sich ein wenig nach Abenteuer anfühlt. Im Sommer kann man sich prima mit einem Bad im Meer erfrischen oder an der kleinen Strandbar bei Getränken und Snacks stärken. Von der Platja de Garbet geht es auf dem weiß-rot markierten Pfad des GR 92 zurück ins Dorf - oder weiter an der Küste bis nach Port de la Selva oder Cadaqués.

Buchten und Strände bei Llançà

Die **Platja del Cros** liegt auf dem Weg nach Colera. Der Strand besteht aus feinen, grauen Kieselsteinchen. Von hier aus hat man einen schönen Blick über die Bucht.

Die **Platja Grifeu** ist ein breiter, feiner Sandstrand und darum auch einer der beliebtesten Strände Llançàs. Im Sommer wird es schnell voll.

Direkt neben der Küstenstraße erstreckt sich ein kleiner Grünstreifen und eine Inschrift mit vielen kleinen und großen Fußstapfen erinnert an die Fluchtrouten auf denen die Menschen gegen Ende des Spanischen Bürgerkrieges versuchten nach Frankreich zu gelangen. Von dort geht es hinunter zur **Platja Argilera** mit diversen kleinen Buchten. Hier stehen auch noch alte Bunkeranlagen aus der Zeit des Spanischen Bürgerkriegs.

Mitten im Ort, wo die Boote im Hafen liegen und auch Kajaktouren starten, erstreckt sich die **Platja del Port**, ein breiter Strand. Ringsum gibt es Restaurants, Bars und Duschen.

Etwas abgelegen in einer Wohnsiedlung kommt man zu der kleinen Bucht, die die Einwohner **El Cau d'en Llop**, die Höhle des Wolfes, nennen. Angeblich soll in dieser Bucht vor langer Zeit ein Einsiedler gewohnt haben. Nur begleitet von einem Wolf und einer Möwe lebte er bescheiden von dem, was er aus dem Meer fischte.

CONFRARIA DE PESCADORS
RESTAURANT
GEL

EL PORT DE LA SELVA

Im Cap versteckt

Das kleine Örtchen El Port de la Selva liegt so verborgen in den kurvenreichen Hügeln des Cap de Creus, dass es trotz der Besuchermassen, die jedes Jahr an die Costa Brava strömen, noch erstaunlich ruhig und ursprünglich geblieben ist.

Hier liegen traditionelle Fischerboote im Hafen. Es duftet nach Salz und Meer. Und nach Dieselöl. Wenn man nicht gerade durch die serpentinenreiche Straße von Cadaqués hierher kommt, erreicht man Port de la Selva nur über Llançà. Der Weg führt direkt an der Küste auf dem Camí de Ronda entlang. Ungefähr auf der Mitte zwischen den beiden Dörfern erhebt sich ein alter Leuchtturm, Far de s'Arnella. Man hat einen großartigen Blick auf die benachbarten Buchten und das Meer. Schräg gegenüber auf der anderen Seite leuchten die weißen Häuser von Port de la Selva. Wegen der heftigen Winde, die hier vor der Küste herrschen, war dieser Leuchtturm oft lebensrettend, manchmal war er für die Seeleute die einzige Orientierung beim Navigieren.

In Port de la Selva angekommen, kann man durch ein paar stille Straßen schlendern oder an der langen Hafenpromenade entlang bummeln. Außer der Fischauktionshalle und einem Supermarkt gibt es kaum Geschäfte, dafür ein paar Bars und Restaurants.

Entdecken

Das längst verlassene **Dorf Santa Creu de Rodes** und die Ruine der **Burg Sant Salvador** bilden gemeinsam mit dem **Kloster Sant Pere de Rodes** ein mittelalterliches Dreieck aus fürstlicher Macht, Kirche und dem einfachen Volk. Sowohl von der Burg als auch vom Dorf sind heute nur noch Ruinen übrig. Allein das Kloster wurde restauriert und lohnt absolut einen Besuch (Seite 58).

Wandern

Der Naturpark des **Cap de Creus** (Seite 60) ist voller Wanderwege, die an bizarren Felsformationen vorbeiführen. Eine der Routen von Port de la Selva führt hinauf zum Kloster Sant Pere de Rodes.

Essen

Im **Café de la Marina** direkt an der Hafenpromenade kann man leckere Kleinigkeiten oder ein Menü bestellen.

Carrer de L'Illa 35

Carrer del Mar, 22

Strände und Buchten

Direkt an der Promenade liegt der schöne, breite Strand **Platja del Port** – perfekt für Familien, da er einfach zu erreichen ist.

Hinter dem Hafen und dem Dorfzentrum gelangt man schnell zu der kleinen Bucht **Platja Tamariua**. Ihren Namen hat sie den Tamarindenbäumen zu verdanken, die hier zahlreich wachsen. Ein natürlicher Strand mit klarem Wasser, feinen Kieselsteinen und ganz ohne Strandbars. Hier ist alles noch naturbelassen. Weil diese Bucht etwas abgelegen ist, kommen gelegentlich auch ein paar Nacktbader hierher. Auch der Wanderweg Camí de Ronda führt hier entlang.

Noch etwas weiter hinter der Cala Tamariua kommt man nach etwa dreißig Minuten Fußweg zur **Platja Fornells**. Hier liegt ein kleiner Strand, der selten voll ist, denn den meisten Einheimischen ist der Fußweg zu weit.

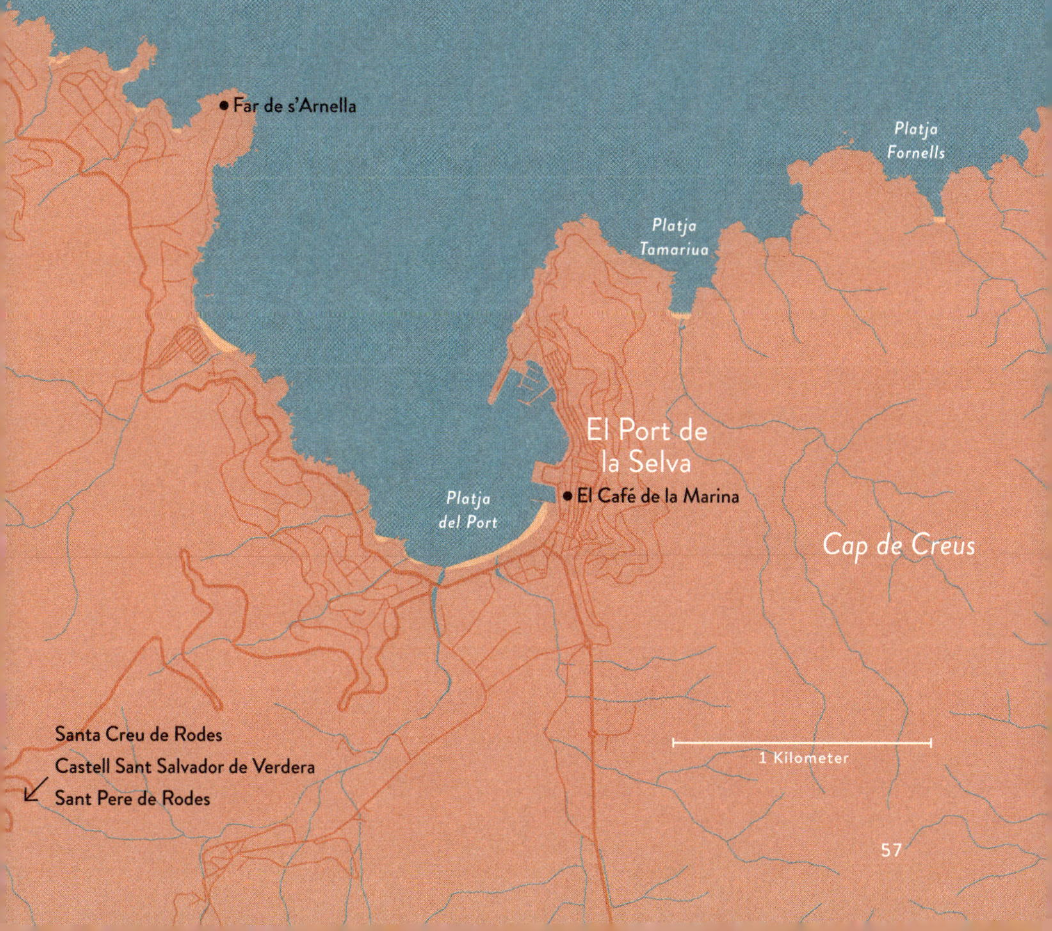

SANT PERE DE RODES

Die verschwundenen Reliquien

Serpentinenartig schlängelt sich die enge Straße durch die Berge. Die Aussicht über das Cap de Creus auf dem Weg zum Kloster ist beeindruckend. Hinter einer Kurve erscheint Sant Pere de Rodes.

Der Legende nach wurde das Kloster im 6. Jahrhundert von Mönchen gegründet, die aus Rom geflohen waren, um hier einen Schatz in Sicherheit zu bringen – angeblich die sterblichen Überreste des Heiligen Petrus, die offiziell im Petersdom ruhen. An der Küste der Iberischen Halbinsel sollen die Männer ihr wertvolles Gut in einer Höhle versteckt und eine kleine Kapelle in der Nähe errichtet haben. Im 10. Jahrhundert entwickelte sich daraus das eigenständige Benediktinerkloster Sant Pere de Rodes. Reichtümer wurden angehäuft, die Gebäude ausgebaut, wichtige Persönlichkeiten pilgerten hierher, um die Reliquien zu sehen. Der Handel der Grafschaft florierte.

Doch die Schätze der Mönche hatten sich herumgesprochen, das Kloster wurde immer häufiger Opfer von Überfällen. Nur noch wenige Pilger kamen, die Mönche verarmten und das Kloster verfiel – und mit ihm auch die Grafschaft. Das vermeintliche Glanzstück des Klosters hat bis heute niemand gefunden. 1788 wurde das Kloster aufgegeben, ein Jahr später plünderten französische Soldaten die Gebäude und fanden die berühmte Bíblia de Rodes. Die romanische Bibel ist zum Ärger der Spanier bis heute in der Nationalbibliothek von Paris zu sehen. 1930 wurde das Kloster zum nationalen Denkmal erklärt und seitdem restauriert.

Info

Monestir Sant Pere de Rodes
Camí del Monestir, s/n
17489 El Port de la Selva

Täglich (außer montags) 10-17.30 Uhr (im Sommer auch bis 20 Uhr)
Eintritt: 6 Euro, Kinder unter 16 Jahre gratis

CAP DE CREUS

Bizarre Schönheit

Über vierzig Jahre lang hatte nur eine exklusive Gruppe zahlender Mitglieder Zutritt zu einem der schönsten Küstenabschnitte im Cap de Creus. 2003 machte das Resort zu und wurde zurückgebaut. Nun regiert hier wieder die Natur.

Stelen erinnern an den Standort des Club Med

Die Buchten im Pla de Tudela, einem besonderen Teil des Naturparks Cap de Creus, sind nicht nur wegen der schönen Landschaft und einiger endemischer Tier- und Pflanzenarten außergewöhnlich. Das Besondere sind die Gesteinsformationen: Tektonische und geodynamische Prozesse führten dazu, dass man hier Gesteinsschichten findet, die normalerweise mehrere Kilometer unter der Erdoberfläche liegen. Ein wahres Paradies für Geologen, die hier Turmaline, Quarz, Feldspat, Granat oder Muskovit entdecken können. Millionen Jahre ist es her, dass die bizarren Felsen durch unvorstellbare Kräfte der Erde geformt wurden. Viele Jahrtausende lang gestalteten der Wind Tramontana und das Salz des Meeres diese karge, felsige Landschaft. Der Surrealist Dalí lebte nebenan in Portlligat und ließ sich immer wieder von dieser unwirklichen Kulisse mit ihren Felsformationen inspirieren. Viele der Buchten, Hügel und Felsen kommen in seinen Gemälden (z.B. „Der große Masturbator") vor.

Zu Beginn der 1960er Jahre wurde ein Club-Med-Resort eröffnet, mitten in der bis dahin unbebauten Natur, in einer einmaligen Landschaft mit Pflanzen und Tieren, die es sonst nirgendwo auf der Welt gibt. Die Natur war in Gefahr, und man erkannte zwar spät, aber zum Glück noch rechtzeitig, dass die Landschaft um das Cap de Creus geschützt werden muss. 1998 ernannte man eine Fläche von fast 14.000 Hektar zum Naturpark.

Zu Beginn des neuen Jahrtausends kam dann das Aus für den Club Med. Der Staat kaufte den Betreibern den Grund und Boden wieder ab und begann damit, die Anlage zurückzubauen. Die Natur im Cap de Creus sollte so gut wie möglich wieder hergestellt werden. Viel Zeit und Geld wurden aufgewendet, um das einzigartige Ökosystem zu renaturieren.

Das erwachte Bewusstsein für die Schönheit der Natur sorgt dafür, dass die Menschen hier ihre Landschaften wieder zu schätzen wissen. Besonders in den Sommermonaten, wenn die Strände von Besuchern aus aller Welt überlaufen sind, ziehen sich die Einwohner gern in die Stille am Cap de Creus zurück.

Beste Sicht

Der östlichste **Leuchtturm** Spaniens steht am Cap de Creus. Schon im 14. Jahrhundert errichtete man an dieser Stelle einen Wachturm, um das Meer zu beobachten und rechtzeitig vor Piratenüberfällen zu warnen. Direkt neben dem Leuchtturm gibt es das **Restaurant Cap de Creus** mit spektakulärer Aussicht. Die Atmosphäre ist locker und versetzt einen ein wenig in die Hippie-Ära der 1960er Jahre.

In den Sommermonaten ist die Zufahrt zum Leuchtturm und Restaurant gesperrt. Es geht nur mit Sammelbus, dem Fahrrad oder zu Fuß weiter.

Carrer de Cadaqués al Cap de Creus, Cadaqués
restaurantcapdecreus.com

Wandern

Eine schöne Möglichkeit, das Cap de Creus zu entdecken, ist eine Wanderung **von Roses nach Cadaqués**, bei der man den Naturpark durchquert. Vom Kieselstrand der Cala Montjoi aus ist man drei bis vier Stunden unterwegs. Immer wieder blicke ich zurück und kann mich gar nicht sattsehen an dem blau schimmernden Wasser, das dort unten ganz seicht an den Strand schwappt.

Um das Cap de Creus ranken sich viele Geschichten und Legenden. Die Landzunge, die im Naturpark ins Meer hineinragt, heißt Cap Norfeu und ist vor vielen Millionen Jahren bei der Explosion eines Vulkans in La Garrotxa entstanden. Angeblich hat das kleine Kap seinen Namen dem griechischen Barden Orpheus zu verdanken. Der soll auf einer seiner Reisen hier vor der Küste gestrandet sein. Eine andere Legende erzählt, dass die alten Griechen an dieser Stelle einen Tempel für Orpheus errichtet haben sollen. Bis jetzt hat man davon allerdings keine Überreste gefunden. Dafür gibt es jede Menge Funde aus der Steinzeit, die belegen, dass hier schon lange vor den Iberern Menschen gesiedelt haben. Die Hügel rund um Roses sind regelrecht voll von Jahrtausende alten Dolmen und Menhiren.

Die Ruinen, die ich von unserem Weg aus erkennen kann, gehören zu einem alten Wachturm. Die Torre Norfeu war Teil der Befestigungsanlage der Ciutadella de Roses. In Roses erzählt man sich auch Legenden von Meerjungfrauen, die an den schroffen Felsen des Cap Norfeu die Seeleute verführt und in den Tod gelockt haben sollen. Meerjungfrauen hat es zwar nicht wirklich gegeben, aber dafür lebten hier bis in die 1970er Jahre ganze Kolonien der Mönchsrobben, die heute vom Aussterben bedroht sind. Mittlerweile sind wir an der hübschen Cala Jóncols angekommen. Das Wasser in der Bucht ist klar und leuchtend blau. Eine frisch restaurierte Fischerhütte erinnert daran, wie die Fischer früher gelebt und

gearbeitet haben. Bäume spenden angenehmen Schatten. Ein schöner Strand! Dann beginnt der nächste Aufstieg. Das kommende Stück ist der anstrengendste Teil der Strecke. Zäh zieht sich der Pfad langsam den Hügel hinauf. Von Zeit zu Zeit bleibe ich stehen und drehe mich um. Der Blick in die Bucht versöhnt mich sofort wieder und ich marschiere weiter. Oben angekommen, platze ich fast vor Euphorie. Schon kommen in der Ferne die Häuser von Cadaqués zum Vorschein. Jetzt geht es nur noch bergab.

Entdecken

Wer bei der Wanderung viel über die Natur erfahren möchte, kann einen Guide buchen.

trekandride.com (auch deutschsprachige Führer)

Am Cap de Creus startet auch der GR11, die Transpirinaica, ein Fernwanderweg, der von hier aus die gesamten Pyrenäen durchquert und an der Atlantikküste endet.

Tauchen

Auch die Unterwasserwelt ist Teil des Parks Cap de Creus. Rund 3000 Hektar gehören zum marinen Naturschutzpark. Rote Korallen, Gorgonien, zahlreiche Zackenbarsche und rote Drachenköpfe schwimmen umher, auch Delfine und Wale scheinen die Gegend zu lieben.

Kleine Seitenwege führen in abgelegene Buchten, zu Dolmen, Leuchttürmen und Stränden.

CADAQUÉS

Von Schmugglern, Freibeutern und Piraten

Viele Jahrhunderte lang trieben sich grausame Piraten an der Costa Brava herum. Der gefürchtetste von ihnen war Barbarossa, der osmanische Freibeuter mit dem roten Bart.

Da die meisten Piratenüberfälle in den Sommermonaten stattfanden, rechnete im Herbst des Jahres 1543 niemand mehr mit den plündernden Horden. Unerwartet tauchte Khair ad-Din, der gefürchtete Barbarossa, mit einer mächtigen Flotte von über zwanzig Schiffen auf. Er und seine Männer überfielen ein Dorf nach dem anderen. Palamós, Roses und Banyuls-sur-Mer wurden zerstört. Auch Cadaqués blieb nicht von den Piraten verschont. Der Angriff auf das kleine Dorf war verheerend: Sie brannten die Kirche nieder, raubten und vergewaltigten.

Barbarossa war nur einer von zahlreichen Korsaren und Freibeutern, die mit Billigung oder im Auftrag ihrer Herrscher andere Schiffe und Siedlungen überfielen. Als sich der französische König und der osmanische Sultan im 16. Jahrhundert gegen Spanien verbündeten, schickten sie Barbarossa los, um den spanischen Küsten so viel Schaden wie möglich zuzufügen. Im Osmanischen Reich galt der Korsar und geschickte Seefahrer als bedeutender Admiral und Nationalheld.

1828 wurde die Piraterie offziell verboten. Die Küsten wurden sicherer und die Menschen begannen, sich näher am Meer niederzulassen. Viele der Dörfer im Hinterland wuchsen nun bis an die Küste heran. Für die Fischer und Schiffbauer begann eine gute Zeit. Manche der arbeitslos gewordenen Piraten ließen sich in Cadaqués nieder und wandten sich dem Schmugglerhandwerk zu. Mit dem Handel von schwer erhältlichen Luxuswaren wie Tabak und Kaffee war gutes Geld zu machen – einige der alteingesessenen Familien sollen auf diese Piraten zurückgehen. Noch lange stand Cadaqués deshalb in einem etwas zwielichtigen Ruf. Franco schickte sogar Truppen, um das angebliche Schmugglernest auszuheben. Haus für Haus durchkämmten die Soldaten das Dorf. Doch so sehr sie auch suchten, nirgends stießen sie auf versteckte Schätze. Erst in der Kirche wurden sie fündig. Stolz präsentierten sie das Ergebnis der groß angelegten Suchaktion: Tabak. Doch schon am nächsten Tag war das ausgestellte Diebesgut auf geheimnisvolle Weise verschwunden.

1 Kilometer
Cap de Creus
Portlligat
Casa Museu Dalí
Cala de Portlligat
Cadaqués
Can Cabrisas
Restaurant Can Rafa
Basílika Santa Maria
Platja de Cadaqués
Platja sa Conca

Heute ist Cadaqués mit seinen alten Gassen ein Dorf wie aus dem Bilderbuch. In den weißen Häusern, vor denen die Bougainvilleen in schönster Pracht blühen, öffnen kleine Boutiquen, Bars und Restaurants ihre Türen für die vielen Touristen, die im Sommer hierher kommen.

Essen

Unbedingt probieren sollte man die Taps de Cadaqués. Nur in der **Pastisseria Can Cabrisas** gibt es diese leckeren kleinen Küchlein aus saftigem Biskuit, die wie ein dicker Korken aussehen. Traditionell soll man sie in Rum baden und flambieren, aber ich vernasche sie meistens gleich so.

Plaça Doctor Trèmols, 8

Das **Restaurant Can Rafa** liegt an der Strandpromenade und gehört zum Weingut Perafita, das man schon oben in den Bergen auf dem Weg nach Cadaqués sehen kann. Man kann sich fangfrischen Fisch aussuchen, der direkt vom Koch zubereitet wird. Außerdem gibt es Meeresfrüchte, Schwertmuscheln, Anxoves und Pilze.

Plaça del Passeig, 7

Entdecken

Auf einer kleinen Anhöhe erhebt sich die **Kirche Santa Maria**. Getragen wird die barocke Konstruktion von zwei schnauzbärtigen Atlanten, deren Kleidung an Gewichtheber im Zirkus erinnert. Die beiden kraftstrotzenden Figuren sollen Fischer von Cadaqués darstellen, die früher so angezogen waren.
Schön ist der Raum der Stille in der Kirche, den jeder zum Beten oder Meditieren nutzen kann, egal ob Christ, Muslim, Buddhist oder Atheist.

Parròquia Santa Maria
(zwischen Carrer Portal de Mont und Carrer Curós)

Traditionelle Espardenyes, wie sie schon Salvador Dalí trug,gibt es in bunten Farben und verschiedenen Formen in dem kleinen Laden S'Espardenya de Cadaqués.

Carrer del Dr. Callis 16,
sespardenyadecadaques

Über dreihundert Jahre lang spielte der **Weinanbau** eine wichtige Rolle in Cadaqués. Die Weine sollen kräftig im Geschmack und sehr alkoholhaltig gewesen sein. Das Ende des Weinanbaus kam Mitte des 19. Jahrhunderts mit der Reblaus, die nicht nur die Weinberge zerstörte. Viele Menschen mussten auswandern und suchten in den neuen Kolonien in Übersee ihr Glück.

Bummelt man heute durch Cadaqués, fallen die vielen Blumen und Pflanzen auf, die überall grünen und blühen. Die **Bougainvillea** haben die heimgekehrten Auswanderer aus der Karibik mitgebracht. Auch der **Tabak** aus Kuba gedieh in

Cadaqués prächtig. Die Pflanze wuchs so gut, dass sie bald in jedem Hinterhof gezüchtet wurde und aus den getrockneten Blättern „Cadaqués-Zigarren“ gedreht wurden. Beim Spazieren stößt man noch heute auf wild wachsende Tabakpflanzen in den engen Straßen.

Wandern

Vom Land aus ist Cadaqués ausschließlich über die Berge zu erreichen. Das war als natürliche Schutzmauer zwar praktisch, erschwerte aber über Jahrhunderte den Kontakt zum Hinterland. Nur über Trampelpfade erreichten die Einwohner damals andere Dörfer und Buchten. Viele dieser Wege gibt es noch immer, sie sind heute beliebte Wanderwege.

Strände und Buchten

Cadaqués hat keine Sandstrände. Die Badebuchten bestehen hier aus Kieselsteinen, auf die man sich betten kann. Manchmal muss man auch ein wenig klettern, um ans Meer zu gelangen. Selbst im Sommer ist das Wasser hier ziemlich frisch und klar.

Gleich neben Cadaqués liegt **Portlligat**, die heimatliche Bucht Salvador Dalís, die in vielen Bildern und sogar in einigen Filmen des Surrealisten vorkommt.
In Portlligat fahren jeden Morgen, heute noch genauso wie vor hundert Jahren, kleine Fischerboote aufs Meer hinaus. Es werden weniger, aber noch gibt es sie. Am Nachmittag liegen die Boote am Strand oder schaukeln auf den seichten Wellen im ruhigen Wasser der Bucht. Manchmal kann man den Fischern dabei zusehen, wie sie ihre Netze flicken. Wenn man nicht gerade im Hochsommer hierher kommt, ist es angenehm ruhig und beschaulich. Portlligat hat keine Strandpromenade, es gibt keine Souvenirläden, Cafés oder Eisdielen. Im Grunde besteht die Bucht vorwiegend aus dem Museum, dem ehemaligen Privathaus Dalís.

PORTLLIGAT, FIGUERES, PÚBOL

Das Dalí-Dreieck

Das Haus von Salvador Dalí in der Bucht von Portlligat, das Museum in Figueres und das Schloss, das er seiner Frau Gala in Púbol gekauft hat, sind die drei Eckpunkte, die die Katalanen das Dalí-Dreieck nennen. Als Mensch skurril und verschroben, selbstverliebt und voller Ängste, war Salvador Dalí ein genialer und umstrittener Künstler. Das Schaffen des Surrealisten wurde stark von der Landschaft seiner Heimat, dem Alt Empordà, beeinflusst.

Casa Museu Dalí in Portlligat

Große Eier, in die man hineinklettern kann, merkwürdige Augen, die den Besucher von einer weißen Wand herab anstarren, eine riesige, liegende, knöcherne Figur aus alten Ziegeln, Brettern und den Resten eines Fischerboots, die aussieht wie das gekreuzigte Skelett eines Riesen, ein Pool in Penisform – das ist das Zuhause von Salvador Dalí. Hier lebte der Surrealist beinahe vierzig Jahre lang, heute ist es ein Museum.

Casa Museu Dalí, Portlligat, 17488 Cadaqués

Hinweis: Unbedingt online buchen und pünktlich sein!

Teatro Museu Dalí in Figueres

Das Teatro Museu Dalí enthält das Leben und Werk des Künstlers mit einer ganz besonderen Geschichte. Nach dem Spanischen Bürgerkrieg waren von dem Theater in seinem Geburtsort Figueres nur noch Ruinen übrig geblieben, Händler boten ihre Waren zwischen den Trümmern feil. Genau diesen Ort wählte Salvador Dalí, um sich ein begehbares Denkmal zu setzen – er liegt nämlich im unteren Geschoss des Museums begraben. Der Besuch ist ein Ausflug in eine surreale Welt, in der sich alles bewegt und dreht und nichts so ist, wie man es erwartet.

In der Sala Mae West führt eine Treppe an der Wand auf ein Podest. Man kann die Installation von oben betrachten. Und was passiert, wenn man das *Taxi-Plujós*, das Regentaxi, mit einer Münze füttert?

Teatro Museu Dalí, Plaça Gala i Salvador Dalí, 5, 17600 Figueres

Tickets kann man vorab online oder auch vor Ort kaufen.
Alle Tickets haben ein Zeitfenster, innerhalb dessen man das Museum betreten muss, wodurch lange Schlangen vermieden werden.

Casa Natal Salvador Dalí in Figueres

In Figueres kann man neben dem Teatre-Museu auch dem Geburtshaus Salvador Dalís einen Besuch abstatten. In dem historischen Gebäude, mitten in der Altstadt gelegen, zeigt eine multimediale Ausstellung, wie der Künstler seine Kindheit und Jugend verbracht hat. Ständig öffnen sich geheime Türen oder erscheinen Bilder aus dem Nichts. Ein schöner Einstieg, um in die surrealistische Welt des Malers einzutauchen.

Carrer Monturiol 6, Figueres, casanataldali.cat/en

Galas Schloss in Púbol

Púbol ist ein verschlafenes Dorf, selbst im Hochsommer ist hier nicht so viel los wie in Figueres oder Portlligat. Púbol war der Rückzugsort von Dalís Frau Gala. Ihr Schloss ist viel intimer als die beiden anderen Museen. Auch hier betritt man die skurrile Welt Salvador Dalís, erlebt aber auch die verletzliche Seite des extrovertierten Künstlers. In einer Schachtel werden die Briefe aufbewahrt, die Dalí an seine Ehefrau schickte, denn er musste Gala schriftlich um Erlaubnis bitten, sie besuchen zu dürfen.

Galas Schloss, 17120 Púbol

Aktuelle Informationen und Tickets für alle drei Museen: salvador-dali.org/en

MUSEU
ENTRADA
ENTRADA
ACCESS
ENTREE

ROSES

Zweitausend Jahre Geschichte

Die geschützte Lage des Golf de Roses zog schon immer Menschen an. Früher siedelten hier Iberer, Griechen und Römer, heute kommen Touristen aus aller Welt, vor allen Dingen aus dem benachbarten Frankreich. Für Wassersportler ist die Bucht von Roses perfekt. Es wimmelt nur so von Tauchschulen. Kite- und Windsurfequipment wird an fast jeder Strandbar vermietet, und Kinder lieben das seichte Wasser dieser Strände. Im Sommer locken zahlreiche Campingplätze rund um den Naturpark Aiguamolls Besucher an.

Entdecken

Mitten im Zentrum von Roses, umschlossen von den dicken Mauern der riesigen **Festungsanlage Ciutadella**, versteckt sich ein wunderschöner archäologischer Park mit mehr als 2000-jähriger Geschichte: Im 3. Jahrhundert v. Chr. ließen sich Griechen hier nieder. Sie lebten in Frieden mit den iberischen Stämmen und betrieben Handel. Ihr Dorf nannten sie „Rhode“, das bedeutet Rose – und eine Rose zierte auch die Münzen, die man hier prägte. Doch das friedliche Miteinander hatte bald ein Ende. Während des Zweiten Punischen Krieges landeten römische Truppen an der iberischen Küste. Im Jahr 195 v. Chr. erreichte Cato der Ältere die Bucht. Der römische Konsul machte kurzen Prozess mit allen, die sich nicht unterwarfen oder kooperierten. Im römischen Teil der Ruinen erkennt man die Überreste der Salzfischfabriken. Hier wurde das berühmte Garum hergestellt, eine in der Antike sehr beliebte Fischsoße. Als die Römer das Interesse an der Gegend verloren hatten, kehrte wieder Ruhe ein. Im Mittelalter lebten hier um eine kleine Klosterkirche rund 300 Familien vom Fischfang und Ackerbau. Im 16. Jahrhundert baute König Carlos I. die ungewöhnlich große Zitadelle um das Dorf herum, denn Roses lag durch seine Nähe zu Frankreich an einem strategisch wichtigen Punkt. Anfang des 19. Jahrhunderts stürmten die Truppen Napoleons diese Festung. Als sie wieder abzogen, sprengten sie viele Mauern und Gebäude.

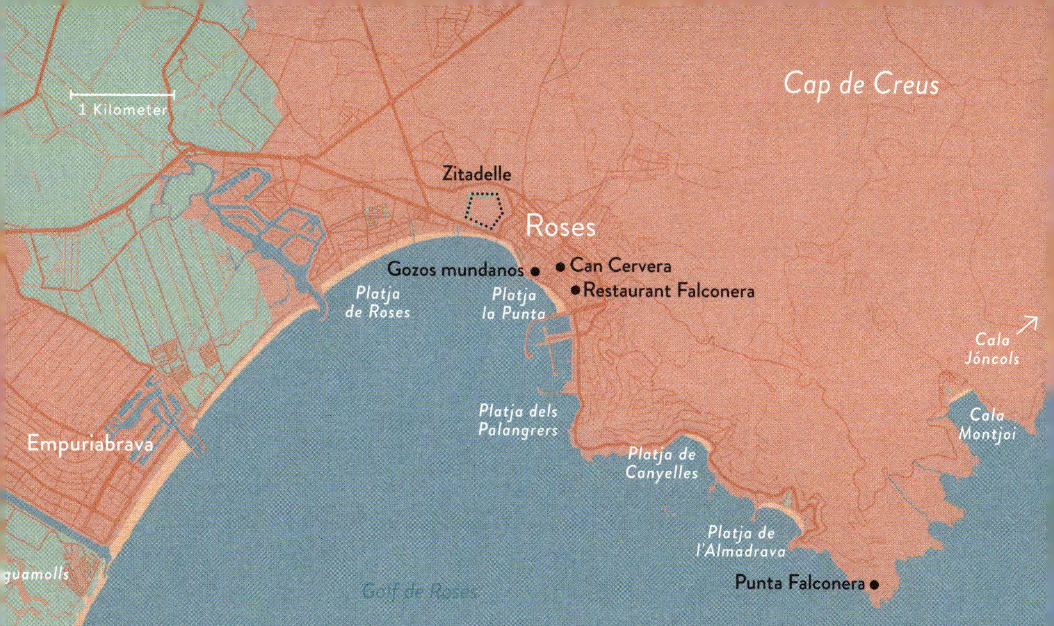

Buchten und Strände

Die Strandpromenade von Roses führt am Hafen vorbei zum Leuchtturm und kleinen Stränden wie der **Platja dels Palangrers**, **Platja de Canyelles** und **Platja l'Almadrava.** Dort endet die Straße.

Von hier geht es zu Fuß oder mit dem Rad weiter. Man kann zur **Punta Falconera**, einem Felsen in Form eines Falkens, zum Cap Norfeu oder quer über das Cap de Creus bis nach Cadaqués wandern. Der Weg führt auch in die **Cala Montjoi** und **Cala Jóncols**, die letzten der kleinen Buchten, die noch zu Roses gehören. Wer nicht laufen will, kann im Sommer eines der Ausflugsboote nutzen, die zwischen Roses und Cadaqués verkehren.

elsblausderoses.com

Essen

Das **Falconera** ist eine Arosseria, dort gibt es vor allem die typisch katalanischen Reisgerichte wie Arros caldoso, ein cremiges Risotto – besser als jede Paella!

Avinguda Jaume I, 24

Das **Can Cervera** in der Fußgängerzone bietet täglich frisch Gekochtes, von leckeren Tapas über Thunfisch-Tataki bis Gambas de Roses oder Jakobsmuscheln.

Carrer d'en Mairó, 56

Gozos mundanos ist ein kleines verstecktes Restaurant im Zentrum von Roses. Das Beste sind die leckeren Tapas und die dazu empfohlenen Weine.

Carrer dels Traginers, 10

CASTELLÓ D'EMPÚRIES

Die Beinahe-Kathedrale

Im Mittelalter hatte sich Castelló d'Empúries zur Hauptstadt der Grafschaft Empordà entwickelt. Eine reiche Stadt, in der die Menschen vorwiegend von der Textilbranche lebten. Ein Bischofssitz, so dachte man, würde dem Status der Stadt entsprechen. Die Einwohner waren sich sicher, dass man ihnen früher oder später eine Kathedrale zusprechen würde, und begannen schon mal mit den Bauarbeiten. Der Papst soll der Stadt auch das Recht darauf zuerkannt haben, allerdings machte er die Erlaubnis von der Zustimmung des Bischofs von Girona abhängig. Dieser verweigerte, denn er war selbst gerade dabei, eine Kathedrale zu bauen. Die reichen Zünfte und wohlhabenden Familien in Castelló d'Empúries hielten dennoch an ihren ehrgeizigen Plänen fest. Sie spendeten reichlich Geld für den prachtvollen Kirchenbau. Die geplante Kathedrale in Castelló sollte die erste in dem neu aufkommenden Stil der Gotik werden. Im 14. und 15. Jahrhundert wurde sie erbaut und als Basílika Santa Maria geweiht. Auch wenn sie nie den Status einer Kathedrale bekam, wird sie im Volksmund *Catedral de l'Empordà* genannt.

Castelló d'Empúries ist heute ein beschaulicher Ort, mitten im Naturpark Aiguamolls gelegen. Am Ortsrand gibt es einen großen Parkplatz, neben dem die Reste eines schönen alten Waschhauses erhalten sind. Hinter dem Wasserbecken führt ein kleiner Fluss an der alten Stadtmauer entlang. Bevor man in den engen mittelalterlichen Gassen verschwindet, kommt man an einer Mühle vorbei, in der bis in die 1970er Jahre noch Mehl gemahlen wurde.

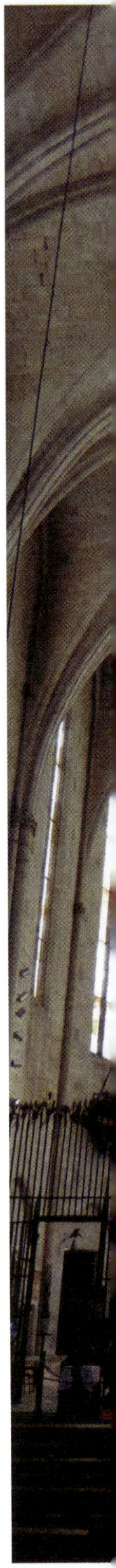

Entdecken

Das Eingangstor der alten Stadtmauer befindet sich im Garten des Restaurants **El Portal de la Gallarda** in der Carrer Pere Estany, 14. Wenn man hindurch geht, steht man vor der mittelalterlichen Stadtmauer. Von dort führt der Weg über eine Brücke am Bach entlang bis zur alten Getreidemühle.

Tag und Nacht liefen die Maschinen in **La Farinera**, der Getreidemühle. Sie hatte Ende des 19. Jahrhunderts die alte, mit Wasser betriebene Mühle abgelöst – mit den neuen Maschinen konnten die Menschen ihr Mehl nun viel feiner und weißer mahlen als vorher. Bis in die 1970er Jahre belieferte die Farinera die Bäckereien der Umgebung mit frisch gemahlenem Mehl. Heute ist La Farinera ein Ökomuseum, es duftet immer noch nach Holz und Bohnerwachs.

Carrer de Sant Francesc, 5
ecomuseu-farinera.org

Im Museum für mittelalterliche Geschichte befindet sich das alte **Gefängnis** der Stadt. Ein eigenes Gefängnis zu haben war ungewöhnlich und zeugt davon, wie wichtig Castelló d'Empúries gewesen sein muss. Der Wärter war für alles zuständig, reparierte Schlösser, kochte und vollzog die Strafen. Frauen und Männer hockten gemischt in den engen Zellen und mussten für Übernachtung und Essen auch noch zahlen.

Museu d'Història Medieval de la Cúria-Presó
Plaça Jaume I

Erleben

Jedes Jahr Anfang September verwandelt sich Castellò d'Empuries wieder in ein mittelalterliches Dorf. Beim **Festival der Troubadoure** lassen die Einwohner die Blütezeit des kleinen Ortes mit Musik, Spielleuten und Ritterkämpfen wieder aufleben.

terradetrobadors.com

PARC NATURAL DELS AIGUAMOLLS

Sumpfland

Die Lagunenlandschaft zwischen den Flussmündungen von Muga und Fluvià ist ein Paradies für Vogelbeobachter und Ruhesuchende.

Bereits die ersten Siedler, Phönizier und Römer, legten Teile des sumpfigen Gebiets trocken, um hier Ackerbau zu betreiben. Über die Jahrhunderte hinweg geschah das in kleinem Maßstab, es blieb genügend Lebensraum für Tiere. Die Menschen lebten in kleinen Dörfern oder auf einzeln gelegenen Höfen von der Landwirtschaft. In den 1960er Jahren stampfte man Empuriabrava aus dem Boden, eine moderne Ferienanlage, damals für reiche ausländische Touristen. Ursprünglich sollte der gesamte Bereich zwischen den Flüssen Muga und Fluvià zu einem schicken Wohngebiet mit maritimem Flair ausgebaut werden. Zum Glück erhob sich Widerstand in der Bevölkerung. Die komplette Umsetzung dieser Pläne hätte das endgültige Aus dieser einmaligen Naturlandschaft bedeutet. Anfang der 1980er Jahre wurden die Bebauungspläne gekippt und die verbliebenen Zonen unter Naturschutz gestellt. Der Naturpark Aiguamolls ist fast 5000 Hektar groß und reicht von Roses bis L'Escala. Er besteht aus verschiedenen Lebensräumen: Es gibt Küstenbereiche, kleine Teiche und sumpfiges Gebiet, eine bewaldete Zone und den etwas hügeligen, steinigeren nördlichen Teil. Dazwischen existieren kleine Ortschaften, die immer schon innerhalb des Parks lagen.

Entdecken

Im **Naturpark Aiguamolls** herrscht eine angenehme Abwesenheit von zivilisationsbedingten Geräuschen, aber still ist es hier noch lange nicht. Es quakt und klappert und plätschert. In kleinen Häuschen mit Sichtklappen kann man als geheimer Beobachter das Treiben der Tiere verfolgen. Die eleganten Blesshühner mit schwarzem Gefieder und dem weißen Strich auf der Nase geben schnarchende Laute von sich. Auf einem Stein sonnen sich zwei Schildkröten. Auch sie gehören zu den einheimischen Tieren. Die Zugvögel, die zwischen Afrika und Island, Norwegen und anderen europäischen Ländern hin- und herpendeln, finden hier eine Raststätte, wenn starke und kalte Winde aus den Pyrenäen sie am Weiterflug hindern.

Einer von insgesamt vier Türmen, in denen ursprünglich Reis getrocknet wurde, ist zu einem **Aussichtsturm** umgebaut worden. Über eine Wendeltreppe geht es hinauf, auf die Stufen wurden Fußabdrücke verschiedener Tiere gemalt. Erst oben wird in großen Lettern verraten, zu welchem Tier welche Spuren gehören. Das sumpfige Gebiet erstreckt sich weit in die Ebene. Überall fliegt, kreucht und paddelt es. Ein Entenpaar sitzt auf einem Nest im Teich. Und irgendwo klappert ein Storch. Bevor die Zugvögel im Mai aus Afrika zurückkommen, ist Brutzeit. Um die Vögel nicht zu stören, werden einige Bereiche des Parks gesperrt.

Der Eintritt zu den Aiguamolls ist gratis, nur Parkplatzgebühren fallen an. El Cortalet ist ein kleines Informationszentrum. Es gibt Spazierwege für unterschiedliche

Bedürfnisse, für Kinder, Radfahrer und Rollstuhlfahrer. Picknickzonen sind gekennzeichnet, zum Campen muss man sich eine Erlaubnis einholen. Bitte den eigenen Müll wieder mitnehmen, Mülleimer gibt es nicht. Empfehlenswert ist guter Mückenschutz.

Anfahrt Aiguamolls de l'Empordà:
Carretera de Sant Pere Pescador, km 13,6
17486 Castelló d'Empúries
aiguamollsdelemporda.cat

Empuriabrava ist ein künstlich erschaffener Ferienort. In den 1960er Jahren wurde er im Sumpfgebiet Aiguamolls aus dem Boden gestampft – heute liegt er mitten im Naturschutzgebiet. Besucher können kleine Boote mieten und durch die künstlich angelegten Kanäle schippern.

Trinken

Hinter Empuriabrava liegt in Richtung Roses die sehr nette Strandbar **Xiringuito X**. Hier treffen sich im Sommer die Einheimischen, tanzen und genießen den Sonnenuntergang. Touristen verirren sich selten hierher.

Platja de la Rubina, xiringuitox.cat

Essen

Südlich von Empuriabrava Richtung L'Escala gibt es im **Can Trona** einfaches, gutes Essen zu fairen Preisen.

Plaça Major, 9, Sant Pere Pescador

SANT MARTÍ D'EMPÚRIES

Baden bei den Römern

Von Sant Martí d'Empúries aus kann man zu Fuß nach L'Escala laufen. Griechische Siedler ließen sich vor mehr als 2000 Jahren hier an der Küste nieder. Aus der griechischen wurde eine römische Siedlung – und schließlich ein kleines Fischerdorf. Um das 9. Jahrhundert herum, als Piraten die Küsten bedrohten, zogen die Bewohner dann aus Sant Martí d'Empúries ins geschützt liegende Hinterland und gründeten Castelló d'Empúries. Auf dem kleinen Hügel findet man heute ein paar nette Restaurants und einen super Ausblick auf die Küste. Am Ufer erstrecken sich von hier bis nach L'Escala malerische Badebuchten.

Entdecken

Neben dem Hügel von Sant Martí d'Empúries liegt direkt am Meer die **Ausgrabungsstätte**, in der Archäologen auf die Reste der griechischen und römischen Siedlung stießen. Im 6. Jahrhundert v. Chr. gründeten die Griechen eine kleine Stadt, die sie Emporion nannten. Sie betrieben Handel, legten Wasserleitungen an und bauten schicke Häuser mit Mosaik-Fußböden. Ein paar hundert Jahre später entdeckten auch die alten Römer Emporion. Sie gründeten ebenfalls eine eigene Stadt, nicht weit entfernt. Mit der Zeit verschmolzen die griechische und die römische Stadt miteinander und wurden zu einer Metropole.
Ein kleiner Film im Museum erklärt die Geschichte, ehe es dann mit Audioguide durch die Ausgrabungsstätte geht.

MAC Empúries, Puig s/n, L'Escala, mac.cat

Am Strand

Während sich gerade in den Sommermonaten Touristen und Einheimische gleichermaßen an den vollen Stränden der Küstenorte stapeln, hat man am Golf de Roses selbst an heißesten Sommertagen noch angenehm viel Platz an den breiten Stränden. Da im Schutzgebiet Aiguamolls nicht gebaut werden darf, bleibt viel Raum für Natur. Nette kleine Strandbars, die sogenannten *Xiringuitos*, finden sich überall zwischen Sant Pere Pescador und L'Escala. Hier treffen sich Wind- und Kitesurfer, VW-Bus-Fans, Taucher und sonnenhungrige Strandurlauber. Von Mai bis September herrscht Surfer-Ambiente.

Schlafen

An Campingplätzen wie **La Ballena Alegre** gibt es breite Sandstrände, die auch im Hochsommer nie wirklich voll werden. In der Bucht herrscht immer eine angenehm leichte Brise, die auch die Wassersportler anzieht. Hier kann man Kitesurfen lernen und sich im Windsurfen ausprobieren. Oder man genießt einfach den Blick vom Strand aus quer über die Bucht bis nach Roses, wo sich die weißen Häuser an die Hügel des Cap de Creus schmiegen. Weil das Wasser hier sehr flach ist und die „wilde Küste" ganz sanft daherkommt, sind die Sandstrände übrigens perfekt für Familien mit kleinen Kindern.
Wer nicht zelten will und auch keinen Wohnwagen dabei hat, kann in einem der nachhaltigen Bungalows übernachten, die komplett mit Solarenergie betrieben werden.

Carretera Sant Martí d'Empúries, Sant Pere Pescador
ballena-alegre.com

Essen

Der Camí de Ronda, der Küstenweg, der Wanderer und Radfahrer hier direkt am Strand entlang führt, überquert eine kleine Brücke. Genau dort, wo der Riu Vell ins Mittelmeer fließt, liegt eine nette Strandbar: El Riuet d'Empúries gehört zum Restaurant El Pati del Riuet. Daneben befindet sich das Hotel Riomar.

Besonders lecker ist die katalanische Frozen-Yoghurt-Variante aus Schafsmilch bei **La Recuiteria**. Wer mag, kann aus zahlreichen Toppings wählen.

Läden u.a. in Olot, Ripoll, Banyoles oder auf dem Camping Delfin Verde und La Ballena Alegre, larecuiteria.cat

BIOBAUERNHOF MAS MARCÈ

Schäfchen zählen

Llanut, der Wollige, heißt ein ganz besonderer Käse, der nur hier an der Costa Brava hergestellt wird. Käse mit Schafswolle? Genau!

Seit sechs Generationen sind die Marcès schon Schäfer. Der Hof ist seit jeher ein reiner Familienbetrieb. Sie halten Ripollès-Schafe, eine alte einheimische Rasse, die sehr widerstandsfähig ist. Die Tiere grasen auf hofeigenen Weiden und fressen nur, was in der Natur wächst. Gezielt führen die Schäfer die Herden auf bestimmte Wiesen, denn manche Kräuter sind gut für die Lämmchen, andere für die milchgebenden Schafe.

Bei einer kleinen Verkostung am Ende der Führung kann man verschiedene Käsesorten probieren. Für den Wollkäse, den Llanut, wird ein junger Laib mit Schafswolle umwickelt, wodurch er einen besonders intensiven, würzigen Geschmack erhält. Andere Sorten werden mit Gräsern oder Rotwein verfeinert. Alle Käsesorten werden ohne Zusatzstoffe oder Konservierungsmittel hergestellt. Auf dem biologisch-ökologischen Bauernhof gibt es auch Hühner, Schweine, einen Esel und jede Menge Aktivitäten für Kinder wie Filzen und Basteln mit Wolle. Vorher anmelden!

Info

Mas Marcè
Carrer Ribera, 5, 17469 Siurana d'Empordà

Aktuelle Termine und Preise der geführten Touren über den Hof mit Workshop und Verkostungen findet man auf der Website. Tipp: abwaschbare Schuhe anziehen.

peraladamasmarce.com

NAVATA

Wo die Riesen wohnen

Hinter der großen Eisentür am Eingang versteckt sich eine Wunderwelt der Riesen und Bestien: ein Atelier wie im Märchen. In der kleinen Werkstatt erwachen Ritter und Drachen, Könige und Zwerge zum Leben.

Zwischen Pinseln und Farbtöpfen liegt ein Kater gemütlich eingerollt neben den Papieren auf einem Schreibtisch. Einzelne Gliedmaßen, Hände, Arme und jede Menge Köpfe verteilen sich auf den Tischen und in den Regalen. Auf einer Arbeitsfläche warten schon fertig bemalte Köpfe auf ihre Unterteile, ein Gestell, das sie zu Riesen machen wird. Zwischen all den merkwürdigen Figuren, den Piraten und Drachen fühle ich mich ganz klein, ein wenig wie Alice im Wunderland. Das Atelier gehört Neus und David, sie sind Gegants-Bauer.

Bei Volksfesten symbolisiert meist ein Riesenpaar die Geschichte des Ortes. Es gibt Bauern, Handwerker, Königspaare und Mauren. Auch Hirten, Fischer und Meerjungfrauen kommen vor. Die Riesen in Figueres beispielsweise sehen aus wie Dalí und seine Frau Gala. In Llançà werden beim Dorffest eine Netzflickerin und ein Fischer durch die Straßen geführt. In ganz Katalonien sind die Gegants sehr beliebt. Für Kinder sind sie wie Superhelden, oft müssen Spiderman und Co. sich die Kinderzimmer mit den kleinen Riesen teilen.

Info

Neus und David freuen sich, wenn man sich für ihre Riesen interessiert und in der Werkstatt vorbeikommt. Hier kann man ihnen bei der Arbeit über die Schulter gucken und fertige Figuren in der oberen Etage bestaunen. Es gibt auch Kurse, bei denen man selbst einen Dickkopf bauen kann, Termine findet man auf der Website.

Ventura & Hosta
Carrer Ordis, 25, 17744 Navata
venturahosta.net

L'ESCALA

Im Dornröschenschlaf

Kein Mensch ist weit und breit zu sehen. Allein steh ich in L'Escala und blicke aufs Meer hinaus. Es ist kalt heute, aber das macht nichts: Die Sonne scheint und der Himmel ist blau. Da auch die gefürchtete Tramuntana, der kalte Wind aus dem Norden, nichts von sich hören lässt, kann ich gemütlich durch die kleinen Buchten des Fischerortes bummeln. Am Strand der Cala Montgó treffe ich einen Vater, der mit seinem Sohn spazieren geht – in Gummistiefeln, fast wie am Wattenmeer. Wir unterhalten uns kurz. Jetzt im Winter ist alles geschlossen, doch er scheint ganz froh darüber zu sein. Die Anwohner haben die Bucht für sich allein.

L'Escala ist ein altes Fischerdorf, das sich über mehrere kleine Buchten im Golf de Roses erstreckt. Die kleine Stadt mit dem großen Hafen wird in den Sommermonaten von sonnenhungrigen Touristen bevölkert. Besonders an lauen Abenden füllen sich die Straßen der Altstadt mit Spaziergängern. Dann bietet sich eine Wanderung zu den wundervollen Buchten an, die nicht so überfüllt sind. Auch zum Radfahren eignet sich die wenig besiedelte Region ausgezeichnet. Leihräder gibt's zum Beispiel bei scalebikes.es.

In den restlichen Monaten genießen die Bewohner ein ruhigeres Leben. Bis vor ein paar Jahrzehnten war der kleine Ort vor allen Dingen wegen seiner Anxoves bekannt. Heute widmen sich nur noch wenige Familienbetriebe dem Einlegen der kleinen Fische.

Entdecken

Entlang des Camí de Ronda findet man wundervolle kleine Buchten, die auch im Sommer nicht überfüllt sind. Nördlich vom Zentrum kommt man zur **Platja de Portixol**, die mit einem kleinen Felsbogen das perfekte Postkartenmotiv bietet (Foto nächste Seite).

Richtung Süden liegt die **Cala Montgó**. Im Sommer eine der schönsten Buchten von L'Escala, ganz nah an herrlichen Tauchspots. Den Sonnenaufgang über dem Meer nicht entgehen lassen!

Wandern

Von L'Escala aus führt ein ca. 20 km langer Abschnitt des GR 92 bis nach Toroella de Montgrí. Vom Castell de Montgrí hat man einen unglaublichen Blick auf die Küste.

Schlafen und Essen

In der pittoresken Cala Montgó liegt das **Hotel Can Miquel** mit einem Restaurant. Ins Dorf muss man ein Stück laufen oder das Rad nehmen.

Carrer del Jonc, s/n
canmiquel.com

Im Hafen, wo sich die Fischer nach der Fahrt zur See treffen und ein Bierchen trinken, gibt es im **Restaurant La Llar dels Pescadors** ein günstiges Mittagsmahl. Der Fisch ist frisch und man hat einen tollen Blick auf die Schiffe im Hafenbecken, die in der Sonne schaukeln.

Carrer Port de la Clota
lallardelspescadors.net

Der kleine Felsbogen am Platja de Portixol

Wie kommen eigentlich die Sardellen ins Glas?

Früher lebten die Bewohner von L'Escala fast ausschließlich vom Fischfang. Das Dörfchen an der Costa Brava war besonders für die gute Qualität der Sardellen berühmt. Die Anxoves aus L'Escala verzehrte man sogar am Hof der englischen Königin. Heute gibt es noch fünf Betriebe, die hier nach traditioneller Art und Weise Sardellen verarbeiten.

Die erste Überraschung ist, dass die braunen, in Öl eingelegten Anxoves (spanisch: Anchoas) und die weißen, in Essig eingelegten Seitons ein und derselbe Fisch sind, nämlich Sardellen. Um zu den berühmten Anxoves de L'Escala verarbeitet werden zu können, müssen die Sardellen eine passende Größe haben. Die gibt es an der Costa Brava aber schon längst nicht mehr in ausreichenden Mengen. Deshalb kaufen die traditionellen Fischfabriken und auch die kleinen Familienbetriebe den Fisch seit Jahren aus anderen spanischen Fangregionen dazu. Die Sardellen werden etwa von April bis Oktober gefangen, nur in dieser Zeit können die Fische also auch eingelegt werden. In den Wintermonaten werden dann die Anxoves, die schon ein Jahr in Fässern geruht haben, weiter verarbeitet.

Für die Herstellung von Seitons werden den Fischen die Köpfe abgeschnitten und die Innereien entfernt, bevor sie in großen Fässern mit Salz und Essig eingelegt werden. Über Nacht müssen die Seitons dann ziehen, ehe sie in Gläser gefüllt werden. Durch den Essig verlieren die Fischfilets ihre braune Farbe und werden fast weiß.

Ganz anders ist das bei den Anxoves. Den Sardellen wird der Kopf abgedreht, nicht abgeschnitten. Das ist wichtig, denn so werden die Innereien gleich mit dem Kopf zusammen entfernt, der restliche Fisch bleibt dabei ganz und ist jetzt innen hohl. Die zukünftigen Anxoves werden ebenfalls in Salzfässer – aber ohne Essig – eingelegt, in denen sie fast ein ganzes Jahr lagern, bevor sie weiterverarbeitet werden können.

Dann ist es soweit: Die Sardellen können den letzten Schritt ihrer Verwandlung in Anxoves vollziehen: Bevor sie von Hand in Gläser gefüllt werden, müssen die Fische vom Salz befreit und ordentlich gereinigt werden. Dann wird das Glas mit Olivenöl aufgefüllt, verschlossen und versiegelt.

Info

In den Fischfabriken in L'Escala gibt es kleine Läden, in denen man die Anxoves und die Seitons direkt vor Ort kaufen kann.

Anxoves Solés
Closa d'en Llop, 40
anxoves-soles.com

Anxoves de L'Escala
Poligono Industrial Els Recs
Calle Boters s/n
anxovesdelescala.es

Gepflegt abtauchen

An der Costa Brava gibt es einige aufregende Tauchspots. Besonders in den marinen Naturparks kann man eine äußerst lebendige Unterwasserwelt erkunden.

Neben Barschen, Brassen, Delfinen und Mondfischen gibt es bunte Schwämme, Gorgonien, Langusten, Tintenfische, Seesterne, Muränen und rote Drachenköpfe zu sehen. Bei erfahrenen Tauchern ist die Costa Brava wegen ihrer vielen Unterwasserhöhlen bekannt, die sich in den felsigen Klippen verstecken.

Im Sommer kann es voll werden, wesentlich ruhiger ist es im Herbst, wenn das Meer von den Sonnenstrahlen des Sommers noch schön warm ist. Wer keine Angst vor kaltem Wasser hat, kann auch im Frühjahr die Tauchsaison eröffnen. Es gibt viele Tauchspots an der Costa Brava, aber die schönsten davon verteilen sich auf drei Tauchgebiete: die marinen Schutzgebiete Illes Medes und Cap de Creus sowie die Costa Montgrí.

Cap de Creus

Rund 3000 Hektar Meeresgebiet gehören zum Naturpark Cap de Creus. Hier leben viele Zackenbarsche, rote Drachenköpfe, Brassen, Korallen und Gorgonien. Die Tauchspots können hier schon etwas tiefer sein als an der Costa Montgrí, aber es gibt genügend Plätze, die auch für Anfänger geeignet sind.

Costa Montgrí

Entlang der Costa Montgrí taucht man in Höhlen und Felsen, durch Bögen und kleine Tunnel, voll besetzt mit Korallen und Schwämmen, die in den Farben des Regenbogens strahlen. Die Tauchspots hier gehören zu meinen Favoriten und sind auch im Sommer nicht so voll. Sie liegen meist zwischen fünf und 25 Metern Tiefe.

Illes Medes

Wolfsbarsche, Stachelrochen und Rotbarben beherrschen die Unterwasserwelt der Illes Medes – für Taucher das Highlight der Costa Brava. Die kleinen Inseln sind eine Verlängerung des Gebirgszugs Massís del Montgrí, des grauen Berges, den man von weitem sehen kann. Die Felsen liegen rund einen Kilometer vor L'Estartit, viele Tauchcenter haben sich hier angesiedelt. Im Schutzgebiet darf nicht gefischt werden, und auch das Tauchen ist streng reglementiert.

Montiel

Ein Tauchspot für Anfänger, an dem man auch nach einem Gewitter noch einigermaßen gute Sicht hat, ist Montiel an der südlichen Küste. Er liegt vor der Bucht von Tamariu.

Hinweis: Für den Notfall gibt es in Palamós eine mit Druckkammer ausgestattete Klinik.

BAIX
EMPORDÀ
GIRONÈS
Verges
Seite 104
Illes Medes
Seite 100
Púbol
Seite 72
Ullastret
Seite 108
Fontanilles
Mooma
Seite 106
Peratallada
Seite 120
Pals
Seite 122
Monells
Seite 112
Sant Sadurní
de l'Heura
Seite 118
La Bisbal d'Empordà
Seite 114
Begur
Seite 128
Palafrugell
Seite 132
Tamariu
Seite 132
Llafranc
Seite 132
Callela de Palafrugell
Seite 132
Cap Roig
Seite 142
Palamós
Seite 144
Platja d'Aro
Seite 151
S'Agaró
Seite 151
Sant Feliu de Guíxols
Seite 148

Baix Empordà

Die Küste des Baix Empordà macht den längsten Abschnitt der Costa Brava aus. Die schönsten Wanderwege führen hier direkt am Ufer entlang zu abgelegenen Buchten. Vor der Küste liegt eine kleine Inselgruppe, die Illes Medes, die mit ihrer bezaubernden Unterwasserwelt zum Naturpark des Montgrí gehören.

Das Hinterland des Baix Empordà ist mindestens genauso reizvoll wie die Küste, aber viel beschaulicher. Diese Comarca ist von traditionellem Obst- und Reisanbau geprägt. Alte Handwerkskünste wie Töpfern haben sich bis heute gehalten. Zwischen mittelalterlichen Dörfern erstreckt sich eine relativ flache Landschaft voller Apfelplantagen und Reisfelder, perfekt für gemütliche Radtouren. Im Juli und August kann es auch hier voll werden. Die beste Reisezeit, um diese Region zu genießen, sind Frühjahr und Herbst.

VERGES

Der Tod tanzt

Jedes Jahr zu Ostern tanzt der Tod durch die engen Gassen von Verges. So eine Dansa de la Mort gab es im Mittelalter in vielen Orten Europas. Doch nur in diesem winzigen Dörfchen hat sich der Tanz bis heute gehalten.

Der Donnerstag vor Ostern beginnt in Verges damit, dass die Einwohner morgens Fackeln an ihren Häuser anbringen, um die Straßen für die Passionsprozession am Abend zu beleuchten. In einer Straße, der Carrer dels Cargols, hat man allerdings eine andere Art gefunden, Licht ins Dunkel zu bringen. Schon seit Jahrhunderten sammeln die Leute hier die leeren Häuser der Weinbergschnecken, um an Gründonnerstag mit einem Docht und etwas Öl kleine Lämpchen daraus zu basteln. Aus einer Mischung von Asche und Wasser wird eine klebrige Masse hergestellt, mit der die Öllämpchen an der Wand befestigt werden.

Am Nachmittag erklingt die Fanfare einer Trompete. Das ganze Dorf füllt sich nun mit Römern in glänzenden Rüstungen, die eine Stunde lang in Reih und Glied durch die Straßen marschieren.

Gegen Abend führen die Dorfbewohner die Passionsgeschichte auf. Am Ende führt eine Prozession durch die engen Gassen und verwandelt den ganzen Ort in eine große Bühne. Die spannendsten Momente des Festes sind die Darbietungen der Todestänzer. Sobald sie auftreten, sind nur noch die eintönigen Schläge einer Trommel zu hören. Der konstant monotone Rhythmus ist eindrücklich, fast bedrohlich. Langsam gehen die Tänzer durch die Menge der Zuschauer. Dabei springen und hüpfen sie, bleiben kurz stehen, dann wiederholen sie die Schrittfolge. Unaufhaltsam schreitet der Sensenmann voran. Man würde vermutlich eine Stecknadel fallen hören, so leise ist es zwischen den einzelnen Trommelschlägen. Die Dansa de la Mort macht sprachlos, so beeindruckend ist dieses uralte Schauspiel.

Die einzelnen Figuren des Tanzes tragen verschiedene Symbole, sie teilen uns mit, dass der Tod seinen Weg geht und vor niemandem Halt macht. Wenn die Skelette wieder im Dunkeln verschwinden, kehrt völlige Stille ein, dann erklingt Applaus.

Die Prozession endet mit einer Verbeugung der Tänzer vor dem gekreuzigten Jesus und der Botschaft, dass Glaube und Hoffnung letztendlich größer sind als der Tod.

Info

Programm:
17-18 Uhr Aufmarsch der Soldaten
(frei zugänglich, kostenlos)
22-24 Uhr Passionspiele
(nur mit Eintrittskarte, 18 Euro)
0-2 Uhr Prozession
(frei zugänglich, kostenlos)

Noch ein Tipp: Am Ostersamstag findet das ganze Spektakel nachmittags in „klein“ statt. Dann sind Kinder die Akteure und spielen Römer, Juden, Pharisäer und Tänzer.

laprocesso.cat

moma

photocall

MOOMA

Frischer Apfel im Glas

Katalanischer Cidre und ausgezeichnetes Essen mitten im Grünen: Diesen Ort darf man nicht verpassen.

Rechts und links der Straße erstrecken sich Äcker und Felder. Die Gegend ist flach, nur der Montgrí ragt weithin sichtbar als einzige Erhebung aus der Landschaft heraus. Kleine mittelalterliche Dörfer liegen hinter Reisfeldern und Obstplantagen versteckt. Und genau dort, zwischen scheinbar endlosen Reihen von Apfelbäumen, ist das Mooma.

Seit mehreren Generationen dreht sich hier alles um den Apfel. In dem kleinen Hofladen werden verschiedene Sorten Apfelsaft wie Fuji, Pink Lady oder Gala, Apfelkompott und andere Produkte verkauft. Der hauseigene Cidre hat schon einige Auszeichnungen gewonnen.

Als die Familie 2016 damit begann, Cidre zu produzieren, eröffnete sie auch ein kleines rustikales Restaurant. Holzfässer wurden dekorativ gestapelt, ein altes Fahrrad lehnt dagegen. Auf dem kleinen Innenhof sind Tische und Stühle aufgebaut. Anfangs war das Mooma noch ein absoluter Geheimtipp. Im Hinterland, rund zehn Kilometer von der Küste entfernt, liegt es nicht auf dem Weg zu den sommerlichen Stränden. Doch mittlerweile hat sich herumgesprochen, dass man hier mitten im Grünen sitzen und ausgezeichnet essen kann. Raffinierte katalanische Hausmannskost in entspannter Atmosphäre: Die Speisekarte reicht von kleinen Snacks und frischen Salaten über die klassischen Patatas Bravas bis zu üppigen Burgern und Steaks. Zum Nachtisch unbedingt den Apfelkuchen nach Großmutters Art kosten!

Info

Mooma – Mas Saulot
17256 Palau-sator / Fontanilles

Vorab reservieren und an Mückenschutz denken!

mooma.cat

ULLASTRET

Die Megacity der Iberer

Lange bevor die Römer das heutige Spanien eroberten, lebten an der Küste verschiedene iberische Stämme. Von den meisten Iberern weiß man leider nicht viel – nur wenig ist aus dieser vorrömischen Zeit erhalten geblieben.

Erst in den 1930er Jahren entdeckte man durch Zufall das alte Ullastret. Als die Ausgrabungen begannen, war schnell klar, dass hier eine Sensation im Boden versteckt lag: Ullastret war nicht nur ein Dorf, sondern eine Großstadt. An die 6000 Menschen müssen hier bereits Jahrhunderte vor Christus gelebt haben. Bis heute ruhen weite Teile der Metropole noch unter der Erde. Doch viele der Funde, die man hier machte, sind aufsehenerregend. Der wohl spektakulärste Schatz, den man bestaunen kann, sind die gut erhaltenen Schädel, die die Iberer mit langen Nägeln als Trophäen an ihre Hütten befestigten. Aber auch Münzen, Werkzeuge, Schwerter und importierte Waren aus Griechenland, Ägypten und dem östlichen Mittelmeerraum ermöglichen den Archäologen viele wichtige Rückschlüsse auf diese Kultur.

Das Highlight des Museums ist ein kleiner Raum, in dem man die iberische Siedlung in einem 3D-Film erleben kann (auch auf Deutsch). Dabei nähert man sich der Stadt zunächst auf einem Boot. Ein Teil der Iberersiedlung befand sich auf einer kleinen Insel mitten auf einem See und war über einen aufgeschütteten Erdwall mit der Stadt auf dem Hügel verbunden. Der See verschwand Anfang des 19. Jahrhunderts, Bauern legten ihn trocken, um Platz für den Ackerbau zu gewinnen.

Info

MAC Ullastret
Puig de Sant Andreu

Eintritt: Erwachsene 4 Euro

macullastret.cat

Nurias Nachtisch

„Alles fing damit an, dass zu viel Milch von den Ziegen übrig war“, erzählt Nuria, während sie ihren frischen Käse, den Recuit de Drap, vorsichtig in kleine Tücher wickelt. Nuria hat den Laden vor ein paar Jahren von ihrer Mutter übernommen. Schon mit 13 Jahren hatte sie gelernt, ihr bei der Herstellung des traditionellen Käses zu helfen. Heute arbeiten auch Nurias Kinder in dem kleinen Familienbetrieb mit, sowohl bei der Zubereitung des Recuit als auch im Verkauf.

Fröhlich zeigt Nuria ihr kleines Reich und erklärt, wie der Recuit de Drap gemacht wird. Die Bauern liefern die Ziegenmilch nachmittags an. Früh am nächsten Morgen geht die Verarbeitung los: Bis auf 75 Grad muss die Milch unter ständigem Rühren erhitzt werden. Sobald die Temperatur erreicht ist, wird der Kessel innerhalb weniger Minuten wieder abgekühlt. Durch das schnelle Herunterkühlen zerbrechen die Enzyme der Milch und flocken aus. Der erste Schritt zum Frischkäse ist gemacht.

Anschließend wird die dickliche Flüssigkeit in ein Tuch gegossen, das über einen Korb gespannt ist. So kann der flüssige Teil der Milch, die Molke, entweichen und der feste Teil verbleibt im Tuch. Drap ist übrigens nichts anderes, als das katalanische Wort für Tuch. Im Grunde genommen ist das Prinzip der traditionellen Herstellung von Recuit ganz ähnlich wie beim Quark, nur dass hier keinerlei Enzyme zugegeben werden und dass das Grundprodukt keine Kuh-, sondern Ziegen- oder Schafsmilch ist.

Eine Nacht lang ruht die Masse dann in der Kühlkammer, damit die Flüssigkeit Zeit hat, aus der Milch zu tropfen. Erst am nächsten Morgen verpackt Nuria den Recuit in kleine Tücher aus Zellulose. Immer sechs Tüchlein mit frischem Käse sind eine Packung. Damit beliefern Nuria und ihr Mann die kleinen Läden und Restaurants in der Umgebung, denn mit Honig beträufelt ist der cremige Recuit de Drap ein beliebter Nachtisch.

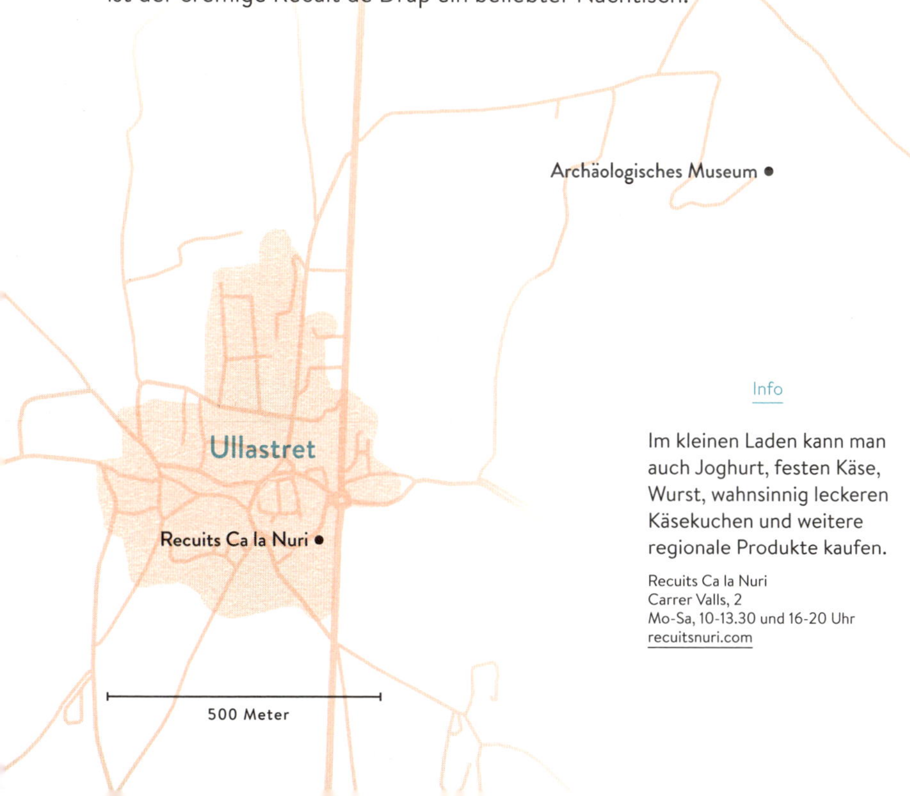

Info

Im kleinen Laden kann man auch Joghurt, festen Käse, Wurst, wahnsinnig leckeren Käsekuchen und weitere regionale Produkte kaufen.

Recuits Ca la Nuri
Carrer Valls, 2
Mo-Sa, 10-13.30 und 16-20 Uhr
recuitsnuri.com

MONELLS

Ein stilles Örtchen

Monells liegt genau zwischen La Bisbal und Puból. Als wir nach einer kurzen Fahrt von Begur in dem kleinen Dorf ankommen, sind wir erstaunt, wie verlassen und still es hier ist. Keine Menschenseele scheint in den kleinen Gassen unterwegs zu sein. Dann streift eine Katze unseren Weg und wir treffen ein paar Hobbymaler, die leise auf ihren Staffeleien vor sich hin pinseln. Monells ist klein, in zwanzig Minuten haben wir alles erkundet. Auf dem zentralen Dorfplatz, der seit dem Mittelalter unverändert ist, gibt es eine kleine Bar, in der man etwas trinken oder essen kann.

LA BISBAL D'EMPORDÀ

Bunt macht froh

La Bisbal ist die Töpferhauptstadt Kataloniens. Dicht an dicht finden sich hier alte Handwerksbetriebe und neue Werkstätten der Keramikverarbeitung.

Im Hinterland der Costa Brava hat das Herstellen von Keramik eine lange Tradition. Handgefertigte Töpferwaren gehören seit vielen Jahrhunderten zum täglichen Leben der Menschen, ob als Kacheln, Koch- und Essgeschirr, Vasen oder Schilder für Häuser und Straßen. Doch der Überlebenskampf der Töpfer wird immer härter. Nicht nur die industrielle Produktion im eigenen Land, auch Billigprodukte aus dem Ausland machen es immer schwerer, von diesem Handwerk zu leben. Hinzu kommt, dass sich viele Gewohnheiten des täglichen Lebens geändert haben. Niemand wäscht heute mehr in tönernen Krügen, zum Kühlen gibt es Kühlschränke. Wir trinken aus Plastikflaschen, die wir anschließend wegschmeißen. Wer braucht da noch Keramik?

Während die meisten kleinen Dörfer heute darum ringen, ihr kulturelles Erbe zu erhalten, gibt es in La Bisbal viele alte Handwerksbetriebe und kreative Werkstätten.

Der katalanische Dichter Josep Plà beschrieb die Gegend um La Bisbal oft als Empordànet, das „kleine Empordà". Hier finden sich verschiedenste Landschaften vereint in unmittelbarer Nähe: grüne Ebenen, die sich von hier bis in die Pyrenäen erstrecken, die Berge und das Meer. Und zwischendrin winzige Dörfer, meist bestehen sie nur aus wenigen Straßen, die sich um eine Kirche oder einen Turm schlängeln (wie Ullastret, Monells oder Peratallada). La Bisbal ist das Zentrum dieses kleinen Empordà.

Entdecken

In einer alten Ziegelfabrik zeigt das **Terracotta Museu** nicht nur die Geschichte des Töpferhandwerks, sondern dient auch als Galerie für die hiesigen Töpfer. Bei der Gestaltung des Museums hat man auf eine behutsame Mischung aus Alt und Neu geachtet. Viele Elemente der Fabrikhalle wurden im Originalzustand erhalten und vermitteln den Besuchern einen Eindruck davon, wie es hier einst ausgesehen hat.

Carrer del Sis D'Octubre de 1869, 99
terracottamuseu.cat

Violeta und ihr Vater Jaume bieten in ihrer kleinen **Töpferwerkstatt** eine 2-stündige Aktivität an, bei der man sich selbst an der Töpferscheibe versuchen und eine eigene Schale oder Tasse gestalten kann. Wenn die fertigen Teile getrocknet und gebrannt sind, kann man sie nach ein paar Tagen abholen und mit nach Hause nehmen.

Rulduà Ceràmica, Carrer Paral·lel 40
instagram: @rulduaceramica
Tel: 34677465298

Annick Galimont fertigt in ihrer kleinen Werkstatt zauberhafte Dinge aus Keramik. Zusammen mit ihrem Mann, einem Kinderbuchautor, hat sie etwas ganz Besonderes erschaffen, eine kleine Welt aus Walen und Blumen. Die Idee kam ihnen, als ihr Sohn sagte: „Im Bauch von dem Wal wachsen Blumen." Daraus entwickelte Annicks Mann ein Kinderbuch und sie selbst begann, davon inspirierte Waltassen zu töpfern. In ihrer Werkstatt gibt sie auch Töpferkurse.

Carrer de l'Aigüeta, 72
annickgalimont.com

Nachhaltig einkaufen

Beim Kauf eines Andenkens in La Bisbal oder anderswo lohnt es sich, darauf zu achten, ob es **vor Ort gefertigt** wurde. Auch wenn es vielleicht nur ein kleiner Beitrag ist, aber viele solcher Gesten helfen, die traditionellen, lokalen Handwerke zu erhalten, die die Gegend über Jahrhunderte geprägt haben.

Essen

Unbedingt probieren sollte man den typischen Kuchen aus La Bisbal, den **Bisbalenc**, beispielsweise in der **Pastisseria Sans**. Traditionell ist er mit Pinienkernen bestreut und mit Cabell d'Angels, Engelshaar, gefüllt. So nennt man hier die karamellisierten Kürbisblüten. Sehr süß! Angeblich soll neben dem Heimatdichter Josep Plà auch Salvador Dalí den Bisbalenc besonders gern gegessen haben.

Avinguda de les Voltes, 4

Die **Pastisseria Galetes Graupera** ist ein kleiner Familienbetrieb in La Bisbal. Eröffnet wurde die altehrwürdige Konditorei vor sechs Generationen. Bis 2023 begrüßte die zauberhafte Senyora Teresa Graupera, stets elegant in Schwarz gekleidet und die grauen Haare zu einem Zopf geflochten, auch mit 80 Jahren noch höchstselbst die Kunden. Der kleine Laden ist vollgestopft mit Keksen verschiedener Formen und Größen. Jede Gebäcksorte hat hier einen eigenen Namen. Es gibt Cubanos in Zigarrenform, fächerförmige Ventalls und die traditionellen Brunyols, eine Spezialität, die man eigentlich nur zu Ostern isst. Doch in der Pastisseria gibt es das harte Schmalzgebäck das ganze Jahr über.

Avinguda de les Voltes, 5

Susana ist die Chefin des kleinen **Restaurants La Cantonada** hinter dem Castell Palau, dem ehemaligen Bischofssitz von La Bisbal. Sie ist charmant und witzig. Hier ist jeder Tisch schon Wochen im Voraus reserviert, denn das Essen ist genial: Frische, regionale Produkte werden in der Küche zu wahren Köstlichkeiten verwandelt, zum Beispiel schwarze Spaghetti mit Gambas oder Kabeljau mit Totentrompeten – natürlich serviert auf Keramiktellern aus La Bisbal.

Carrer del Bisbe, 6
lacantonada.cat

Erleben

Anna stellt aus der Milch ihrer Schafe nicht nur leckere Milch- und Käseprodukte her, die sie in einem kleinen Laden in La Bisbal verkauft, sondern auch **Kosmetik und Wollprodukte**. Besonders toll für Kinder sind Besuche auf dem Hof, oder Workshops bei denen man lernt Wollseife herzustellen oder einen Tag rund um die Wolle zu erleben.

Granja: 17166 Cruïlles, mascasascruilles.cat
Laden: Carrer Cavallers 19, La Bisbal (Do-Sa 9-13 Uhr)

2007 haben die gebürtige Britin Anna Wintle und Jaime Crespo in dem kleinen Dörfchen Sant Sadurní gleich neben La Bisbal eine kleine Reitschule eröffnet. Hier können Kinder und Erwachsene **Reitstunden nehmen**.

Petit Centre d'Equitació les Feixes
17118 Sant Sadurní de l'Heura
lesfeixes.cat

Seit vielen Jahren wird in dem kleinen Familienbetrieb Mas Entreserra gesunder **Honig** hergestellt. Bei einem Besuch der kleinen Imkerei kann man lernen, Kerzen aus Bienenwachs zu drehen.

Carrer Sant Joan 10, 17121 Casavells
masentreserra.com

Patisseria Sans

PERATALLADA

Fast zu schön

Mitten im Baix Empordà, ungefähr auf der Hälfte des Weges von Girona zur Küste, liegt eines der ältesten und schönsten Dörfer Kataloniens, Peratallada. Der Name des Ortes bedeutet übersetzt so viel wie „geschnittener Stein", pedra tallada. Das Dorf ist umgeben von einer steinernen Mauer, die Häuser und Straßen sind aus Steinblöcken gebaut. Mittlerweile leben aber nur noch sehr wenige Menschen hier. Der Ort gleicht einem Open-Air-Museum mit ein paar Boutiquen, Restaurants und Bars für die Wochenendbesucher. Es ist grün und hübsch.

Schlafen

Alicia ist die gute Seele der kleinen Pension Hotel el Cau del Papibou – und ein echter Wirbelwind. Sie hat schon viel erlebt und ist weit gereist, bevor sie hier in Peratallada das kleine Hotel gefunden hat, das sie nun liebevoll führt. Sie spricht Englisch und verkündet selbstbewusst lachend: „Die Gäste kommen gar nicht wegen Peratallada, die kommen meinetwegen immer wieder hierher!"

Carrer Major, 10
Kinder erst ab 12 Jahre
hotelelcaudelpapibou.com

Essen

Die Magdaleneria Cal Tuset stammt eigentlich aus Castellfollit, einem winzigen Ort in der Nähe von Olot. Seit Kurzem verkauft Ángel die dort täglich frisch gebackenen Magdalenes auch in einem kleinen Laden in Peratallada.

Plaça de l'Oli 1 17113 Peretallada, caltuset.com

Entdecken

Marti Ley hat einen kleinen Keramikladen der etwas anderen Art. Während in der nahe gelegenen Töpferhauptstadt La Bisbal Unmengen ähnlich aussehender Keramikschalen und Teller in den Regalen der Läden angeboten werden, ist hier jedes Werk ein Einzelstück. Es gibt zwar auch ein paar besondere Geschirrstücke, aber hauptsächlich tummeln sich hier wilde Tiere und Skulpturen. Eigentlich ist Marti Biologe. Ein stiller Mensch, er spricht auch Deutsch.

Avinguda de La Bisbal, 3
ceramicaley.com

PALS

Von Engeln, Dämonen und Reis

Im Mittelalter machten die Einwohner Hexen und böse Dämonen für die Seuchen verantwortlich, die ihre Stadt heimsuchten. Durch Engelsfiguren an den Fenstern oder Hexenzähne unter dem Dachfirst versuchten sie sich gegen Krankheiten zu schützen und das Eindringen böser Geister zu verhindern. Schließlich hatte jemand eine bessere Idee.

Der Hügel, auf dem sich das mittelalterliche Pals erhebt, wurde schon vor vielen Jahrhunderten besiedelt. Doch die Einwohner des kleinen Ortes hatten es nicht immer leicht. Neben kriegerischen Auseinandersetzungen und Überfällen gab es stets viele Krankheiten. Seit hier im 15. Jahrhundert Reis angebaut wurde, standen die Felder rund um die kleine Stadt viele Monate lang unter Wasser. Ein Paradies für Mücken und Bakterien – eine Hölle für Menschen, die mit nicht heilen wollenden Wunden stundenlang im knietiefen Wasser arbeiten mussten. Doch den Zusammenhang erkannte man nicht, daher ergriff man Maßnahmen gegen böse Geister. Bei einem Spaziergang durch Pals kann man fast an jedem Haus geisterabwehrende Figuren und Symbole entdecken. Kleine Engel beschützen die Fenster, geflochtene Kreuze aus Palmenzweigen hängen an den Türen oder sind manchmal auch einfach nur in die Mauer geritzt.

Aufgrund der vielen Epidemien in der Gegend wurde der Reisanbau im 19. Jahrhundert schließlich verboten. Erst im 20. Jahrhundert führte ein aus Kuba heimgekehrter Katalane neue Anbaumethoden ein, die das Wasser ständig in Bewegung hielten – so können sich Mücken und Bakterien schlechter vermehren.

Die kleinen, weißen Körner erlebten in Pals nicht nur ein Comeback, sondern einen wahren Höhenflug. Dank der speziellen klimatischen Bedingungen hat der hier angebaute Reis ein paar besondere Eigenschaften: Da es nicht ganz so heiß wird wie in südlicheren Gefilden, bleibt der Reis länger im Wasser stehen und wird dadurch kochfest. Er verkocht also nicht, wenn man ihn aus Versehen einen Moment zu lange auf dem Herd stehen lässt. Für leicht zerstreute Köche wie mich sehr praktisch!

Restaurant
Es Portal
Kirche
Restaurant
El Pedrò
Plaça Major
Arkhé Hotel
Boutique
Pals
Restaurant
Vicus
500 Meter

Im ganzen Dorf blühen im Juni die Bougainvilleen, lila und rosa Farbtupfer im Gewirr der steinernen Gassen aus dem Mittelalter. Wir gehen von der Plaça Major in Richtung Kirche. Viele der kleinen Läden, die Andenken verkaufen, sehen von innen aus wie Höhlen, denn früher hat man die Häuser direkt in die Felsen geschlagen.

Je nach Jahreszeit kann es in Pals schon mal voll werden. Besonders im Juli und August kommen die Touristen in Busladungen hierher. Im Sommer lohnt es sich deswegen, entweder sehr früh morgens oder spät abends zu kommen.

Erleben

Stimmungsvoll ist das alljährliche **Reisfest** im Juni, wenn die Felder von Hand bepflanzt werden.

Kurz vor der Ernte im Oktober, wenn die strahlend grünen Felder die ganze Ebene bedecken und das Wasser leise in den Kanälen plätschert, ist die Landschaft besonders schön.

Essen

Im **Restaurant Vicus** sind noch viele wunderschöne, alte Elemente aus seiner Zeit als Dorfkneipe erhalten. Der Speisesaal ist in mehrere kleine Räume geteilt, dadurch wirkt es nie zu voll und es herrscht eine gemütliche Atmosphäre. Damià kocht mit regionalen, saisonalen Produkten leckere, teils ungewöhliche Gerichte wie Schweinsfüße mit Gambas.

Carrer Enginyer Algarra, 51
vicusrestaurant.com

Im **Es Portal** wird natürlich mit Reis aus Pals gekocht. Joan ist einer der jungen Köche im Empordà, die fast ausschließlich Produkte aus der Region verwenden. Hier kommt die Landschaft auf den Teller. Er verfeinert althergebrachte Gerichte oder erfindet sie neu – köstlich, kreativ und gesund.

Carretera de Pals a Torroella de Montgrí, 17
esportalhotel.com

Das **Restaurant El Pedrò** ist ein kleiner, lokaler Familienbetrieb. Am liebsten bestelle ich hier ein traditionelles Reisgericht wie Arros mit Tintenfisch und Garnelen.

Carrer de les Placetes, 29
elpedropals.com

Schlafen

In einer der mittelalterlichen Gassen liegt die kleine **Arkhé Hotel Boutique**. In dem fröhlich-bunten Frühstücksraum zeigt Marta ihren Gästen, wie man schnell und einfach leckere vegane und vegetarische Gerichte zubereiten kann. Überall stehen frische Kräuter und der schöne, alte Küchenschrank ist voller Gläser mit duftenden Gewürzen. Zum Frühstück gibt es selbstgemachtes Müsli und frische Smoothies.

Carrer del Raval, 5
arkhedepals.com

BEGUR

Die Korallenfischer

Versteckt hinter einem grünen Hügel, auf dem sich die Ruine einer wehrhaften Burg erhebt, liegt der Ort der Korallenfischer.

Als weiteren Schutz gegen die stetigen Angriffe errichteten die Bewohner auch Wehrtürme. Im Falle drohender Gefahr zogen sie sich in diese Türme zurück, die über den kleinen Ort verteilt waren. Diese massiven Rundbauten haben sich teilweise bis heute gehalten.

Direkt vor der Küste Begurs fanden die Fischer eine besondere Einnahmequelle: Korallen. Rotes Gold wurden die Tiere genannt, so wertvoll waren sie. Für die Gläubigen waren sie Schutzbringer, für die reichen Damen Schmuck und für die Händler eine zweite Währung. Kein Wunder also, dass sich in Begur viele Fischer dem „Abbau" dieser wunderschönen Blumentiere widmeten. Sogar in der kleinen Kirche des Ortes, der Iglesia de Sant Pere, stoße ich auf Korallen. Eine Seitenkapelle ist nämlich der Santa Reparada gewidmet, der Schutzheiligen der Korallenfischer. Der Legende nach gerieten ein paar Fischer vor der Küste in ein böses Unwetter. In ihrer Not versprachen sie, Santa Reparada eine Kapelle zu errichten, wenn sie sie gesund wieder an Land brächte. Das Unwetter ließ nach, bald wurden die Fischer in der kleinen Bucht Sa Riera an Land getrieben – dort fanden sie jedoch keinen Platz, um eine Kapelle zu bauen. Den Hügel hinaufzuklettern war ihnen zu anstrengend und so fuhren sie wieder aufs Meer. Prompt gerieten sie erneut in einen Sturm. Wieder beteten sie, wieder spülte das Meer sie in Sa Riera an Land. Nun endlich errichteten sie Santa Reparada die versprochene Kapelle.

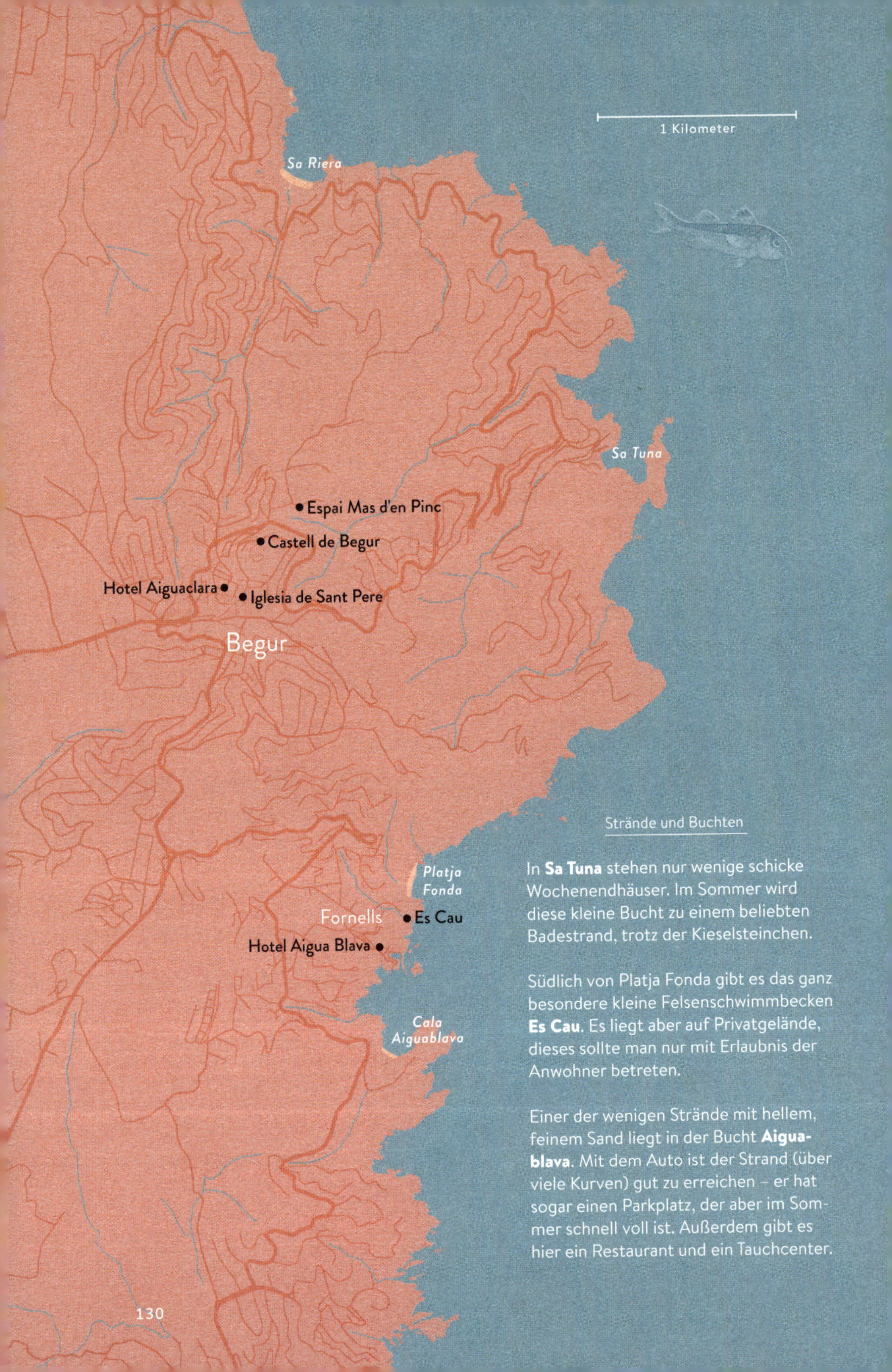

Strände und Buchten

In **Sa Tuna** stehen nur wenige schicke Wochenendhäuser. Im Sommer wird diese kleine Bucht zu einem beliebten Badestrand, trotz der Kieselsteinchen.

Südlich von Platja Fonda gibt es das ganz besondere kleine Felsenschwimmbecken **Es Cau**. Es liegt aber auf Privatgelände, dieses sollte man nur mit Erlaubnis der Anwohner betreten.

Einer der wenigen Strände mit hellem, feinem Sand liegt in der Bucht **Aiguablava**. Mit dem Auto ist der Strand (über viele Kurven) gut zu erreichen – er hat sogar einen Parkplatz, der aber im Sommer schnell voll ist. Außerdem gibt es hier ein Restaurant und ein Tauchcenter.

Das Felsenschwimmbecken Es Cau

Entdecken

In Begur stehe ich an einem hübsch gelegenen Aussichtspunkt vor dem Denkmal von Carmen Amaya. Sie war eine der größten und bekanntesten Flamencotänzerinnen aller Zeiten – und die erste Frau, die es wagte in einer Hose Flamenco zu tanzen. Während beim Flamenco die Männer traditionellerweise die Beinarbeit leisteten, spielten bei den Tänzerinnen vorwiegend die grazilen und sinnlichen Bewegungen des Oberkörpers eine Rolle. Carmen Amaya konnte beides. Sie beherrschte die Beinarbeit des Flamenco auf so hohem Niveau, dass sie irgendwann auf wallende Röcke, die die Beine verdecken, verzichtete und stattdessen schlichte, enge Hosen trug. Damals ein absolutes Novum im Flamenco!
Im **Espai Mas d'en Pinc** lebte Amaya, wenn sie sich nach ihren Weltreisen in Begur erholte. Auf dem kleinen Friedhof von Begur befindet sich ihre (heute leere) Grabstätte.

Espai Mas d'en Pinc, Passeig Carmen Amaya, 12
espaimaspinc.cat

Auf Anfrage bietet Sandra Bisbe den Fans und Pilgern Führungen auf den Spuren des Flamencostars an.

sandrabisbe.cat oder
instagram.com/carmenamayalivetours

Erleben

Jedes Jahr findet im August ein Festival zu Ehren Carmen Amayas statt.

acitbegur.com/festival-carmen-amaya/

Zur **Fira d'Indians** im September kleidet sich das ganze Dorf in Weiß und erinnert an die Zeiten der Heimkehrer aus der Karibik – mit Drinks und viel Musik.

firaindians.com

Schlafen

Das farbenfrohe **Hotel Aiguaclara** liegt mitten im Zentrum von Begur. Mit liebevoll ausgewählter Einrichtung hat Clara eine kleine Welt zum Wohlfühlen geschaffen. Und weil die engagierte Chefin des Familienbetriebs bei allen kulturellen Veranstaltungen in Begur dabei ist, hat sie immer gute Tipps parat.

Carrer Sant Miquel, 2
hotelaiguaclarabegur.com

Essen

Das **Hotel Aigua Blava** liegt nicht im Zentrum, sondern in der Cala Fornells. Es ist zwar etwas teurer, dafür ist aber nicht nur die Aussicht, sondern auch das Essen spektakulär. Im Hotelrestaurant spielt Chef Lluís Ferrés mit Textur und Geschmack der regionalen Küche.

Platja Fornells, aiguablava.com

PALAFRUGELL

Stadt, Land, Meer

Blick vom Cap Roig auf Callela de Palafrugell

Palafrugell liegt ein paar Kilometer von der Küste entfernt im Hinterland. Während die Touristen sich im Sommer an den Stränden der Ortsteile Tamariu, Callela und Llafranc tummeln, geht das Leben im Stadtzentrum seinen gewohnten Gang.

Die Kirche Sant Martí de Palafrugell wurde in den Jahren 993 bis 1019 erbaut und über die Jahrhunderte kontinuierlich erweitert und restauriert.

Palafrugell ist zu jeder Jahreszeit belebt und hat neben dem Museum in der alten Korkfabrik eine wirklich gute Kunstgalerie. Die drei Strandsiedlungen – Calella, Llafranc und Tamariu – gehören zu den schönsten Ecken der Costa Brava. Auf dem Camí de Ronda kann man von einem Ort zum nächsten wandern.

Calella* de Palafrugell

Calella de Palafrugell

Zu Calella gehört die Küste zwischen Cap Roig und Llafranc. Einst waren hier Fischer zu Hause, ein paar der bunten Fischerhütten haben bis heute überlebt. Inzwischen drängen sich hier aber vor allem Boutiquen und kleine Restaurants in den engen Straßen nahe des Meeres. In den Sommermonaten kann es in den Buchten sehr voll werden, es kommen vorwiegend katalanische Besucher in den kleinen Ort, um hier ihre Ferien zu verbringen. Im Winter ist Calella dafür fast leer. Die Geschäfte sind geschlossen und man trifft nur den einen oder anderen Spaziergänger auf dem Camí de Ronda.

* Nicht verwechseln mit Calella an der Costa del Maresme bei Barcelona (dort angesagt: Reisengruppen, Party, Shopping und laute Musik). Der Zusatz „de Palafrugell" ist wichtig, um die beiden Orte zu unterscheiden.

Llafranc

Llafranc

Unter den Einheimischen gilt Llafranc als der teuerste der drei Strandorte Palafrugells. Früher trafen sich hier vornehmlich die wohlhabenderen Besucher, um einen Tag am Strand zu verbringen oder mit dem Motorboot in See zu stechen. Zu Llafranc gehört auch der alte Leuchtturm Sant Sebastià, der sich auf dem Hügel zwischen Llafranc und Tamariu erhebt.

Tamariu

Tamariu ist der kleinste und abgelegenste Teil Palafrugells. Gerade weil es hier kaum Geschäfte und noch viel Natur gibt, sind in Tamariu eher Menschen, die etwas weniger Trubel mögen: viele Einheimische, jüngere Leute, kaum ausländische Touristen. Von hier aus kann man ein paar der schönsten kleinen Buchten wie Aigua Xelida zu Fuß erreichen.

Tamariu

1 Kilometer
Palafrugell
Can Mario Museum
Cistelleria Leo
Museu del Suro
Sant Martí de Palafrugell
Plaça Nova
Llafranc
Restaurant Casamar
Platja de Llafranc
Calella de Palafrugell
Restaurant Tony's
Platja del Canadell
Hotel Sant Roc
Platja Cala El Golfet
Jardí Botànic Cap Roig
La Banyera de la Russa

An der wilden Küstenlinie Palafrugells verstecken sich viele kleine Buchten, die oft nicht so voll, aber auch etwas schwerer zu erreichen sind.

Versteckte Buchten

Cala Marquesa ist die nördlichste Bucht, die noch zu Palafrugell gehört. Man kommt nur mit dem Boot dorthin. Selbst sportliche Kletterer dürfen hier nicht mehr zu Fuß hinwandern. Deshalb lieber von einem der einfach zu erreichenden Strände wie Tamariu mit dem Kajak dorthin paddeln.

Cala d'Aigua Xelida ist eine Bucht mit mehreren kleinen, durch Felsen voneinander getrennten Stränden, nicht alle mit Sand. Von dem oben gelegenen Parkplatz führen mehrere Wege hinunter ans Wasser. Hinter der einen Seite des Abhangs kommt man zu einer alten Fischerhütte. Auf der anderen Seite geht es ein Stückchen weiter – unter krummen Fichten hindurch – bis zu einem kleinen Strand. Im Sommer ist es hier angenehm schattig.

Um die versteckte **Cala Pedrosa** zu erreichen, muss man sich etwas anstrengen. Zunächst geht es einen Feldweg entlang, dann im Zickzack den Berg hinunter, immer den Zeichen des Wanderwegs GR 92 hinterher. Unten angekommen, stehen dann zwei einsam gelegene Hütten an einem Steinstrand. Angeblich sollen das früher Quarantänehütten gewesen sein, in denen die Leute so lange ausharren mussten, bis feststand, ob sie eine ansteckende Krankheit hatten oder nicht.

Vom Leuchtturm San Sebastià führt ein verschlungener Pfad hinunter zu **El Cau Cala de Gens**. Diese nur rund dreißig Meter breite Bucht besteht aus Kieselsteinen und ist schwer zu erreichen. Dennoch gibt es auch dort eine kleine private Fischerhütte. Wirklich nicht leicht zu finden und sicher auch im Sommer niemals voll. Ein echter Geheimtipp – jedenfalls für Wanderfreudige.

Entdecken

Wo kommen eigentlich Korken her? Kork macht man aus der Rinde der Korkeichen, die gibt es im ganzen Mittelmeerraum. In Spanien wachsen sie vor allem im heißen Andalusien, aber auch hier oben im Baix Empordà. Als in Frankreich die Produktion des Champagners immer weiter anstieg, reichte der französische Kork bald nicht mehr aus. Die unmittelbare Nähe Palafrugells zur französischen Schaumweinregion und die gute Qualität des Korks machte die Champagnerkellereien in Frankreich zu den Hauptabnehmern der katalanischen Korkproduzenten.
Mit der Erfindung des Kühlschranks boomte dann der Verkauf von Korkplatten als Dämmstoff, dem Agglomeratkork. Die Geschäfte gingen so lange gut, bis die Kühlschrankindustrie beschloss, statt Naturkork lieber billigere Materialien einzusetzen.
Die Fabrik in Palafrugell, in denen Tausende Arbeiter jahrzehntelang Korkprodukte hergestellten hatten, musste schließen. In den ehemaligen Hallen des riesigen Geländes befindet sich heute ein **Korkmuseum**. Der weithin sichtbare Wasserturm, der einst die Fabrik mit Wasser versorgte, ist zum Wahrzeichen Palafrugells geworden.

Museu del Suro
Placeta del Museu del Suro
museudelsuro.cat

Auf dem Gelände der alten Korkfabrik befindet sich – direkt gegenüber vom Korkmuseum – das 2004 eingerichtete **Kunstmuseum Can Mario**. Dort sitzt ein Mann, der nur aus Buchstaben besteht. An der Wand lehnt ein Junge, sichtbar in sein Handy vertieft. Wellen von Licht in einem Glaskasten verstecken fast einen dünnen Faden Blau, der sich durch das Gewirr zieht. So erlebte der Künstler das Eingesperrtsein als Kind. Eine Lebensleiter stellt in verschiedenen Würfeln die Etappen eines Menschenlebens dar. Mal wird es ganz bunt und schrill, dann wieder zart, fast schon leise. Dieses Museum für moderne Kunst zeigt in den ehemaligen Fabrikhallen die Werke vieler junger Künstler, aber auch Skulpturen berühmter zeitgenössischer Bildhauer wie Antoni Clavé und Subirachs, von dem die Passionsfassade der Sagrada Família stammt. Auch renommierte Künstler wie Tàpies und Miró sind hier vertreten.

Plaça de Can Màrio, 7
fundaciovilacasas.com

Nur ein paar hundert Meter vom Korkmuseum entfernt zeigen Imma und Ferran in der kleinen **Korbflechterei** ihr Geschick und verkaufen ihre handgefertigten Werke. Die beiden flechten auf die althergebrachte Art nicht nur klassische Körbe, sondern auch neue Kreationen und Möbel.

Cistelleria Leo
Carrer Torres i Jonama, 44
cistellerialeo.com

Blick vom Festungsturm beim Far de Sant Sebastià

Beste Sicht

Der **Leuchtturm Sant Sebastià** liegt oben auf dem kleinen Berg Sant Sebastià de la Guarda, der die Buchten Llafranc und Tamariu voneinander trennt. Zu Fuß geht man ungefähr 45 Minuten auf den Hügel. Für Autofahrer gibt es eine kleine Straße. Beim Far de Sant Sebastià angekommen, hat man einen fantastischen Ausblick. Ein alter **Festungsturm**, der früher als Wachturm gegen mögliche Angriffe der Piraten errichtet wurde, dient heute als Aussichtsturm.

Hinter dem Turm haben Archäologen vor ein paar Jahren die **Überreste einer iberischen Siedlung** gefunden. Auf dem höchsten Punkt des Hügels haben schon Iberer gewohnt, bevor die Römer ihre Straßen und Ortschaften errichteten.

Erleben

Als im 19. Jahrhundert Europa in einer schlimmen Wirtschaftskrise versank, hatten sich viele Spanier und Katalanen auf den Weg nach Kuba gemacht, um in Übersee ihr Glück zu versuchen. Einige wurden reich und kamen mit viel Geld zurück, andere hatten weniger Glück und kehrten nicht wieder. Diejenigen, die jahrelang als Matrosen zur See gefahren waren, und diejenigen, die in Übersee gelebt hatten, brachten eine unstillbare Sehnsucht nach der Karibik mit nach Hause. So fanden viele der Lieder, die einst auf hoher See oder im fernen Havanna entstanden waren, ihren Weg an die Costa Brava. In den 1960er Jahren sammelten Einwohner von Palafrugell die Lieder, Wort für Wort, wie die Seeleute sie sangen. Ein Jahr später fand die erste **Cantada d'Havaneres** statt. Ein Festival war geboren. Seit über fünfzig Jahren feiert Palafrugell die Seemannslieder jedes erste Wochenende im Juli.

Cantada d'Havaneres, havanerescalella.cat

Erleben

Es ist ein kalter Sonntagmorgen, die Sonne scheint. Joan, der Kapitän der Rafael, begrüßt uns zur **Garoinada** und führt uns auf sein wunderschönes Holzboot. Wir machen eine Seeigelfangfahrt. Garoines nennt man Seeigel nur in Palafrugell – schon in den Nachbarorten heißen sie anders. Früher sammelten die Leute einfach ein paar im flachen Wasser, brachen sie auf und stippten ihr Brot hinein. Als Joan den ersten Seeigel knackt, läuft jede Menge Wasser raus. Zum Aufbrechen benutzt er so etwas wie eine Guillotine, die die Garoina in zwei Hälften teilt. Nur eine isst man, die andere (die mit der Mundöffnung) fliegt zurück ins Meer. Ich schnappe mir eine Hälfte und tunke mein Brot in das orangefarbene Innenleben. Die Konsistenz ist ein wenig schwammig, schleimig, es schmeckt zunächst nach nichts, dann ein bisschen salzig, nach Meerwasser. Wirklich viel ist in so einem Seeigel nicht drin. Das genießbare Innere passt auf einen kleinen Teelöffel. Satt wird man davon also nicht. Während unser Kapitän die Seeigel knackt wie andere Leute Walnüsse, erfahre ich noch ein bisschen mehr über diese Tiere. Ich zucke leicht zusammen, als Joan uns erklärt, dass das, was wir da essen, die Geschlechtsdrüsen der Seeigel sind. Wie bitte? Ich schlürfe mein zweites Seeigelgeschlecht aus seiner stacheligen Schale. Joan schneidet katalanische Wurst auf und verteilt Rotwein. Rotwein zu trinken sei bei einer Garoinada sehr wichtig. Wichtig für die Verdauung, frag ich mich? Oder einfach nur, weil es besser schmeckt? Nach der dritten Garoina lehne ich mich mit einem Glas Wein an die Reling und genieße die Aussicht.

Die Rafael legt im Januar und Februar in Llafranc zu den Garoinada-Bootsfahrten ab. Da das Seeigelessen traditionell katalanisch ist, fahren fast ausschließlich Katalanen mit.
visitpalafrugell.cat/de/kultur/veranstaltungen/garoinada/

Hotel Sant Roc

Essen

Steil an einem Felsen ragt das Hotel und Restaurant **Casamar** empor. Hier gibt es Sterneküche (2011 wurde es mit einem Michelin-Stern ausgezeichnet) zu erschwinglichen Preisen. Von der kleinen Terrasse aus hat man einen tollen Blick auf die Bucht von Llafranc und die vor der Küste liegenden Boote.

Carrer del Nero, 3, Llafranc
Geöffnet von April bis Dezember. Reservieren!
hotelcasamar.net

Wer rechtzeitig reserviert, kann bei **Tony's** an einem der schönsten Plätze Calellas, an der Platja de Port Bo, speisen. Gute traditionelle Küche, angemessene Preise und Blick aufs Meer.

Carrer de les Voltes 9

Am Sonntagvormittag findet vom Plaça Nova in Palafrugell ausgehend ein schöner **Markt** mit lokalen Spezialitäten, frischem Obst, Gemüse, Fisch, Fleisch und verschiedensten Textilien statt. Eine entspannte Abwechslung zum touristischen Trubel an der Küste.

Schlafen

In einer regnerischen Juninacht im Jahr 1955 öffnet das **Hotel Sant Roc** seine Pforten. So beginnt die Geschichte des Familienbetriebs. Eigentlich wollten Neus und ihr Mann Joan auf dem Hügel nur ein Ferienhaus für die Familie bauen. Als zu Beginn der 1950er Jahre jedoch die ersten Touristen an die Costa Brava kamen, entschlossen sie sich, ein Haus für Feriengäste dazu zu bauen. Ferien konnten sich damals nur die wohlhabenden Leute leisten. Sie blieben dann oft mehrere Wochen oder gleich Monate und erwarteten einen entsprechenden Komfort. Das Hotel Sant Roc entwickelte sich in den 1960er Jahren nicht nur zu einem beliebten Erholungsziel der Reichen, sondern auch zu einem Hotspot des Nachtlebens. Illustre Gäste wie Salvador Dalí oder die Flamencotänzerin Carmen Amaya kamen regelmäßig zum Feiern. Direkt am Hotel verläuft der Camí de Ronda. Der Weg von hier zum Cap Roig ist einer der schönsten Abschnitte des alten Schmugglerwegs. Im dazugehörigen **Restaurant El Balcó de Calella** kann man mit schöner Sicht aufs Meer auf der Terrasse dinieren.

Plaça Atlàntic, 2, Calella de Palafrugell
santroc.com

Die Badewanne der Russin

Jeden Morgen geht Dorothy den kleinen Weg von ihrem Haus am Cap Roig hinunter zum Meer.

Sankt Petersburg, Anfang des letzten Jahrhunderts: Der schöne russische Adelige Nikolai Woevodski ist ein Verwandter der Zarenfamilie. Als die Revolution ausbricht, muss er mit seiner Frau und zwei Kindern aus Russland fliehen – er landet in London. Von dort aus macht sich seine Frau mit den Kindern sogleich auf den Weg nach Amerika. Nikolai jedoch bleibt in England. Er hat sich in eine Dame der Londoner Gesellschaft verliebt, Dorothy Webster, eine für damalige Verhältnisse sehr moderne und unabhängige Frau. Nicht nur ihr Mann, sondern auch sie selbst hatte zahlreiche Affären.

Dorothy und Nikolai trennen sich von ihren Partnern. Auf einer Reise 1927 kommen sie zum ersten Mal an die Costa Brava, ein unberührtes, wildes Fleckchen Natur. Noch bevor Dorothy und Nikolai 1928 heiraten, beginnen sie bereits, Pläne zu schmieden: Sie wollen sich hier niederlassen, leben und begraben werden.

Das Paar beginnt, Grundstücke rund um das Cap Roig zu kaufen. Hier wollen sie ein Schloss bauen. Weit ab von den gesellschaftlichen Verpflichtungen, vom Gerede der Leute, wollen sie die Ruhe und die Natur genießen. Doch Nikolai, der sich vorwiegend um den Bau des Schlosses kümmert, stößt bald auf Schwierigkeiten. Die Behörden erlauben ihm nicht, ein altes Schloss woanders abzutragen und hier wieder aufzubauen. Also muss er kurzerhand selbst eines entwerfen. Aus der Idee wird ein Lebensprojekt. Während Nikolai mit dem Bau beschäftigt ist, vertieft sich Dorothy in das Anlegen eines botanischen Gartens. Sie ist weit in der Welt herumgereist und hat Pflanzen aus den verschiedenen Ländern gesammelt, die sie hier hegt und pflegt.

Kurz nachdem Dorothy und Nikolai ihr Traumschloss endlich fertiggestellt haben, stirbt Nikolai 1979. Die beiden haben nie darin gewohnt. Dorothy möchte nach dem Tod ihres Mannes nicht allein in das große Castell ziehen und bleibt in einer kleinen Wohnung, in der eigentlich die Arbeiter der Anlage untergebracht werden sollten. In diesem kleinen Teil des Gartens, der ein wenig an eine andalusische Hacienda erinnert, verbringt Dorothy die letzten Jahre ihres Lebens, bis sie fünf Jahre später ebenfalls stirbt. An der romantischen, ins Meer ragenden Spitze des Cap Roig sind die beiden begraben. Um ihre Ruhe nicht zu stören, ist der Weg dorthin für Besucher gesperrt.

An einer Ecke des Gartens führt ein Weg hinunter in eine versteckte Bucht, die Cala d'en Massoni. Bei den Einheimischen heißt dieser Ort bis heute „la banyera de la russa“, die Badewanne der Russin. Die Leute aus dem Dorf wussten, dass die feine Dame hier jeden Morgen schwimmen ging, und benannten die Bucht nach der „Russin" – obwohl Dorothy ja Engländerin war.

Info

Im Sommer findet hier jedes Jahr das Cap Roig Festival mit vielen internationalen Stars statt.

Jardí Botànic Cap Roig
Paraje de Cap Roig
Eintritt: 4 Euro für Erwachsene
visitpalafrugell.cat/en/cultura/espacios-culturales/jardi-botanic-de-cap-roig

caproigfestival.com/en

WEIN, ÖL & ARCHITEKTUR

Das Weingut Brugarol

Bell-lloc, schöner Ort, heißt die alte Finca, die zum Weingut Brugarol mit Gästezimmern umgestaltet wurde.

Der Weinkeller liegt unterhalb der Weinreben, sodass die Landschaft und Aussicht auf die Weinstöcke nicht gestört werden. Von oben ist nur der Eingang sichtbar. Beim Bau der Anlage wurden ausschließlich natürliche und recycelte Materialien verwendet: Der Stahl beispielsweise stammt von ausrangierten Containerschiffen.

Die Philosophie der Bell-lloc-Winzer ist eine Produktion mit möglichst minimalem Eingriff in die Natur. Auch die Weinlese im Herbst erfolgt von Hand. In dem gesamten Prozess, vom Sammeln der Trauben bis zur Verarbeitung und Gärung, kommt keinerlei Chemie zum Einsatz.

Originell sind auch die Etiketten der Weine: Es gibt nämlich keine. Alle Informationen über den Wein befinden sich am Flaschenhals.

Lichtspiel im modernen Weinkeller der Finca

Olivenöl, Honig und Marmelade werden genauso liebevoll, natürlich und ökologisch produziert. Im kleinen Laden der Finca kann man einige der Produkte kaufen. Sehr schön sind auch die individuell eingerichteten Apartments und Zimmer.

Info

Finca Bell-lloc
Camí de Bell-lloc s/n
17230 Palamós
fincabell-lloc.com
brugarol.com

Ramón, der Fischer

In Palamós leben noch viele Familien vom Fischfang, im Hafen kann man einen kleinen Einblick in ihre Arbeit bekommen.

„Sechsundneunzig! Sechsundneunzig werde ich im August", ruft Ramón und wedelt dabei mit dem Gehstock. Wohl um die Bedeutung dieser Zahl noch einmal zu unterstreichen. Ramón ist Fischer. Oder besser: Er war Fischer. Ich treffe ihn im Museu de la Pesca, dem Fischereimuseum im Hafen von Palamós. Er sitzt auf einem Stuhl in der Ecke des Eingangs und beobachtet das Geschehen. „Der kommt jeden Tag hierher und trinkt mit uns einen Kaffee", erklärt mir ein netter Angestellter. Ganz nebenbei erwähnt er, dass Ramón in den 1960er Jahren einmal ein paar Tage lang auf See verschollen gewesen sei. „Wie bitte? Stimmt das?“, frage ich Ramón selbst. „Ach das! Ja, vier Tage waren wir auf See ...“ – und er beginnt zu erzählen.

Seine Geschichte handelt vom Sturm, der gar kein Sturm war: Ein richtiger Hurrikan sei das gewesen. Zu viert waren sie auf ihrem kleinen Fischerboot wie jeden Morgen aufs Meer hinausgefahren. Dann kam plötzlich und unerwartet das Unwetter auf. Als das Ruder brach, konnten sie das Boot nicht mehr steuern. In den meterhohen Wellen wurden sie hin und her geschleudert. Jeder hielt sich fest, wo und wie er nur konnte. „So habe ich mich festgeklammert“, zeigt Ramón und macht eine umarmende Geste. Einen ganzen Tag lag trieben sie auf dem Wasser. Dann noch einen und noch einen. Ohne etwas zu essen und, was viel schlimmer war, ohne Wasser. Zu Hause glaubten ihre Familien längst, alle Männer seien bei dem Unglück gestorben. „Ein wahres Wunder war das“, als ein französischer Kreuzer die Schiffbrüchigen auf See fand und nach Barcelona brachte.

Erleben

In Palamós verkaufen die Fischhändler ihre Fische direkt im Hafen. **Llotja** heißt das Gebäude, in dem **die Fischauktion** stattfindet. Dort sitzen Fischhändler, Köche und Restaurantbesitzer aus ganz Katalonien auf den Rängen und begutachten die vorbeiziehenden Fische in ihren Kisten. Eine Anzeigetafel verrät, von welchem Boot der Fang stammt und um welche Sorte Fisch es sich handelt. Den Anfangspreis setzt der Auktionator fest, sobald die Kiste aufs Band gestellt wird. Er ist der Einzige, der genau weiß, wie viel von welchem Fisch heute gefangen wurde. Der Preis wird hoch angesetzt und sinkt im Zehntelsekundentakt, bis einer der Händler den Knopf auf einer Art Fernbedienung drückt: Gekauft!

Neben der Fischauktionshalle und dem Fischmarkt befindet sich das **Museu de la Pesca**. Das Fischereimuseum vermittelt eine gute Vorstellung davon, wie das Leben der Fischer früher war.

Der **Espai del Peix** ist ein großer Saal über dem Museum und der Auktionshalle, in dem sich eine Showküche befindet. Dort werden Führungen, Show-Cookings und unterschiedliche Kurse angeboten. Zusammen mit professionellen Köchen oder ehemaligen Fischern kann man lernen, traditionelle Fischgerichte zuzubereiten.

Moll pesquer, s/n
espaidelpeix.org/ca/activitats

Strand

Nördlich von Palamós befindet sich die **Cala S'Alguer**. Ein kleiner steiniger Strand in einer abgelegenen Bucht mit alten, heute bewohnten Fischerhütten und malerischem Ausblick. Pittoresker geht es kaum.

SANT FELIU DE GUÍXOLS

Eine katalanische Hafenstadt

Das alte Kloster Sant Feliu de Guíxols, in dem heute Ausstellungen und ein Museum untergebracht sind, war einst die Wiege des gleichnamigen Dorfes. Früher schützten die dicken Mauern vor den Übergriffen der Piraten.

Heute kann man vom ehemaligen Wachturm des Klosters aus gefahrlos den Blick auf die Bucht genießen. Bei einem Bummel an der Strandpromenade kommt man an vielen außergewöhnlichen Gebäuden vorbei, die noch aus der Zeit stammen, als die wohlhabenden Einwohner Barcelonas hier die Sommerfrische suchten.

Die Casa Maruny, die Casa Lloret oder das Edifici de la Caixa wurden gegen Ende der letzten Jahrhundertwende gebaut und gehören zum Modernisme und Noucentisme. Aber auch ein paar Gassen mit mittelalterlichen Häusern und den Resten eines jüdischen Viertels sind in Sant Feliu erhalten geblieben.

An der Casa la Campana erinnert mich der breite mittelalterliche Balkon mit den vielen Säulen an Märchenfilme, die ich als Kind gesehen habe. Aschenputtel oder Goldmarie könnten hier entlang geeilt sein.

Am beeindruckendsten von allen Gebäuden ist aber das Casino la Constancia. Leuchtend gelb wie ein Kanarienvogel ragt das ehemalige Kulturzentrum an der Strandpromenade in den blauen Himmel. Ein stolzer Prachtbau, der die Blicke der Passanten auf sich zieht. Maurische und katalanische Bauelemente mischen sich zu einem ganz eigenen Stil.

Entdecken

Da steht ein Kamel auf dem Flur! Das **Spielzeugmuseum** ist eine kulturelle Institution. Die Sammlung beherbergt über 3500 Exponate aus dem letzten Jahrhundert. In Katalonien mussten früher zweit- und drittgeborene Söhne ins Kloster gehen, wenn auf dem elterlichen Hof kein Platz für sie war. Diesen Jungen, die später Priester werden sollten, schenkten die Eltern Spielzeug wie Heiligenbilder, Kerzenständer oder eine Miniaturbibel. Es gibt ein Café und ein Museumslädchen, wo es schöne Spielzeugreproduktionen verschiedener Epochen zu kaufen gibt.

Museu d'Història de la Joguina
La Rambla 12-14, museudelajoguina.cat

Jährlich findet hier eines der größten und ältesten Musikfestivals an der Costa Brava statt: **Porta Ferrada** gibt es schon seit 1958. Benannt ist es nach einem mittelalterlichen Portal am Kloster von Sant Feliu de Guíxols. Schon Stunden vor dem Konzert versammeln sich die Fans auf dem Festivalgelände am Rande der Stadt. Auf den Balkonen der in der Nähe liegenden Wohnhäuser machen es sich die Anwohner mit Freunden und Familien gemütlich, um von zu Hause aus dem Konzert zu lauschen. Neben nationalen Musikern treten hier auch internationale Stars wie Ricky Martin oder Pat Metheny auf.

festivalportaferrada.cat (Tickets vorab buchen)

Erleben

Bei Sant Feliu gibt es spannende Klettertouren direkt an den felsigen Klippen der Costa Brava. Diese **Via Ferrata** soll die einzige in ganz Europa sein, die direkt am Meer entlang führt. Der Schwierigkeitsgrad ist relativ niedrig (K2-3), doch ein wenig Erfahrung schadet nicht. Englischsprachige Guides gibt es unter anderem bei Aventura Experience.

Startpunkt ist auf dem Camí de Ronda zwischen Sant Feliu und der Platja Sant Pol. Es kann vorkommen, dass die Kletterroute wegen nistender Kormoranpärchen zeitweise gesperrt wird. Carrer Hospital, 32
aventuraexperience.com/viaferrata

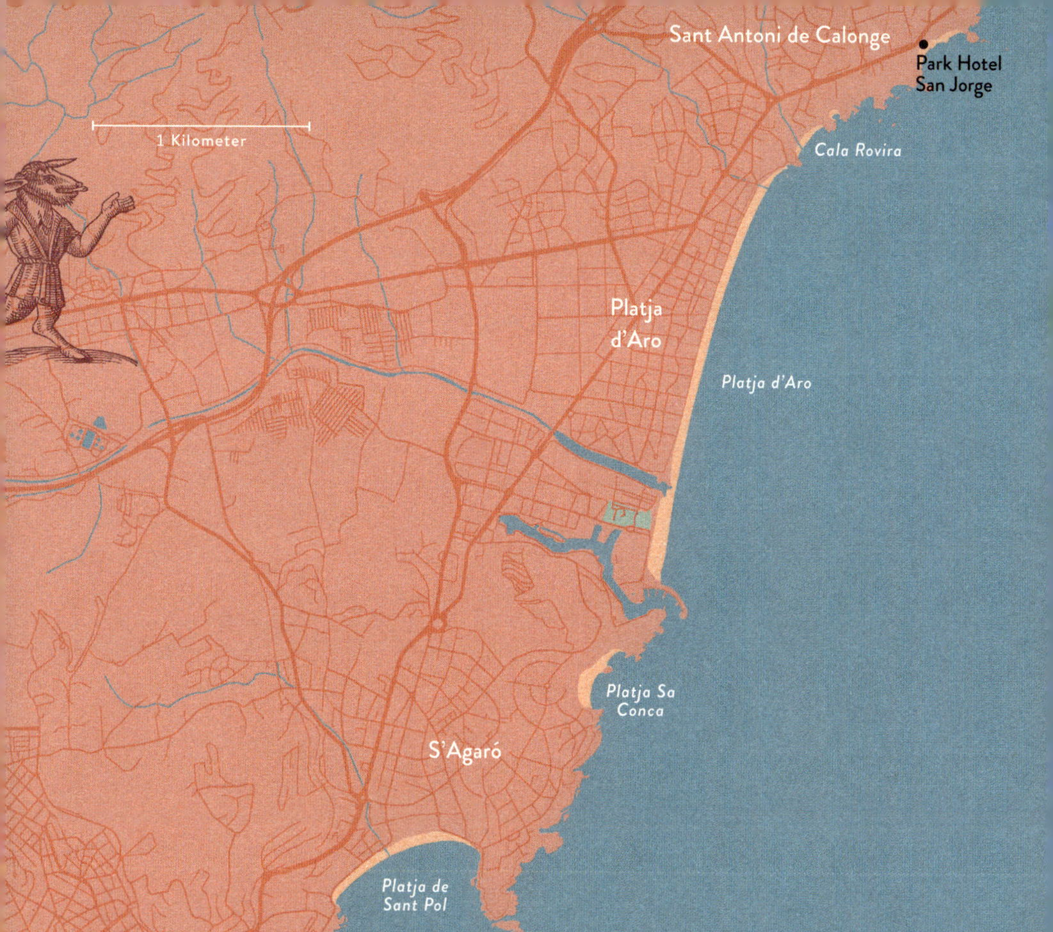

S'Agaró, Platja d'Aro und Sant Antoni de Calonge

Von Sant Feliu de Guíxols geht es fast übergangslos nach S'Agaró, einer kleinen glamourösen Gartensiedlung, die in den 1950er Jahren viele Hollywoodgrößen wie Ava Gardner und Elisabeth Taylor an die Costa Brava gezogen hat. Die eine Hälfte der Platja de Sant Pol gehört noch zu Sant Feliu, die andere mit den bunten Badehütten bereits zu S'Agaró. Von hier führt ein neu gebauter Abschnitt des Camí de Ronda als bequemer Spazierweg an schicken Villen vorbei bis Platja d'Aro und Sant Antoni de Calonge. Die beiden Ortschaften haben sich aus den im Hinterland liegenden Dörfern Castell d'Aro und Calonge entwickelt und sind typische Urlaubsorte voller Bars, Boutiquen und großer Hotelketten.

Schlafen

Das **Park Hotel San Jorge** liegt abseits der Ortschaften an einer Straße. An der Rückseite des Hotels erstreckt sich einer der schönsten Strände der Costa Brava, die Platja Cap Roig. Hier gibt es wirklich gutes Essen und nette Zimmer mit einer wunderbaren Aussicht auf die Bucht.

Avinguda Andorra, 28, 17251 Calonge
parkhotelsanjorge.com

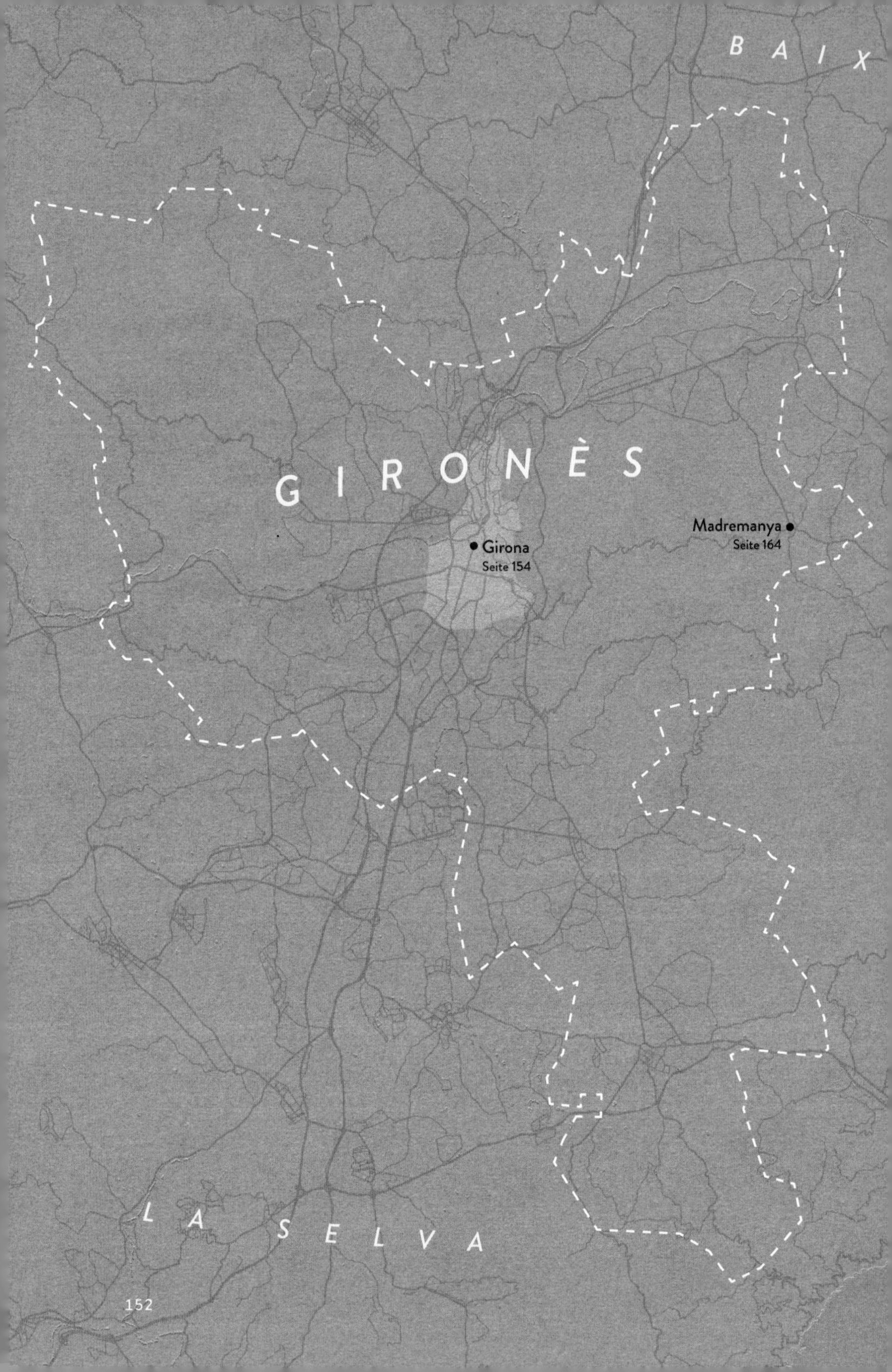
BAIX
GIRONÈS
Madremanya
Seite 164
Girona
Seite 154
LA SELVA

Gironès

Die Comarca Gironès gehört zum Hinterland der Costa Brava und besteht genau genommen aus der Provinzhauptstadt Girona und den umliegenden Dörfern. Außerhalb der Stadt gibt es viele Naherholungsgebiete, die die Einwohner gern für Tagesausflüge, Radtouren und ausgedehnte Spaziergänge nutzen.

Obwohl es auch ein paar besondere Museen, Restaurants und niedliche Dörfer im Umland gibt, wird diese Comarca eindeutig von Girona mit seiner mittelalterlichen Altstadt dominiert. Es lohnt sich, in den Gassen des jüdischen Viertels neben tollen kleinen Museen und der mächtigen Kathedrale auch ein paar der Legenden und Geheimnisse zu entdecken, die in Girona hinter jeder Ecke warten.

GIRONA

Geheimnis und Legende

Tagelang war die Altstadt von Girona in schwarze Tücher gehüllt. Selbst die Einwohner wussten nicht, was hier vor sich ging. Während der Dreharbeiten zu Game of Thrones befand sich die Stadt wochenlang im Ausnahmezustand. Entdecken kann man aber noch viel mehr: Girona ist reich an uralten Legenden und manchem großen und kleinen Geheimnis.

Das Geheimnis der Löwin

In der Nähe des Onyar an der Plaça Sant Feliu hängt eine steinerne Löwin in zwei Metern Höhe an einem Mast. Früher musste jeder, der in die Stadt ziehen wollte, erst den Hintern der Löwin küssen, bevor er als Bürger Gironas aufgenommen wurde. Das hört sich leichter an, als es war, denn man musste den Pfosten hochklettern, an dem die Löwin weit oben befestigt ist.

Die Legende der Fliegen

An der Wand der Basílica de Sant Feliu hängt ein Gemälde. Es zeigt eine Schlacht: Ein Pferd stürzt zu Boden, alles ist voller schwarzer Fliegen – ein merkwürdiges Bild. In Girona bin ich schon mehrmals auf Fliegen gestoßen, in Straßennamen (etwa Carrer de les Mosques), auf alten Stickereien, Gardinen. Was hat es damit auf sich? Als französische Truppen die Stadt angriffen, was in Girona öfter vorkam, wagten ein paar plündernde Soldaten, das Grab des Schutzheiligen der Stadt Sant Narcís zu öffnen. Der Legende nach strömten aus dem Sarkophag Millionen von Fliegen, die die französischen Soldaten attackierten. Die Einwohner Gironas blieben von den Fliegen verschont, während viele der Angreifer starben. Historisch belegt ist ein Angriff der Franzosen, bei dem die Truppen zwar in die Stadt eindrangen, die Operation dann aber plötzlich abbrachen. Die Soldaten verschwanden so schnell, wie sie gekommen waren. Vermutlich war es eine grassierende Seuche, die den Feind in die Flucht geschlagen hatte. Aber die Geschichte mit den Fliegen hat sich in den Köpfen der Menschen von Girona festgesetzt.

Die Tradition der Mesusa

El Call nannte man früher das Viertel, in dem die jüdischen Familien lebten. Frühmorgens, bevor die Touristenströme erwachen, ist es nicht schwer sich vorzustellen, wie das Leben in diesen jahrhundertealten Gassen ausgesehen haben mag. Wenn man genau hinsieht, erkennt man an manchen Hauseingängen eine senkrechte Rille neben der Haustür. Dort wurde früher eine kleine Kapsel aufbewahrt, in der sich eine Schriftrolle, die Mesusa, befand. Bevor jemand über die Schwelle eines jüdischen Hauses trat, musste er die Mesusa berühren.

Ein Geheimnis der Kathedrale

Spannend sind die detaillierten Darstellungen an den Kapitellen der Säulen im Kreuzgang der Kathedrale von Girona. Hier sind nicht einfach Blumen oder Pflanzenmotive in den Stein gehauen. Die Bilder auf den Säulen erzählen komplette Geschichten aus der Bibel. Die Vertreibung Adams und Evas aus dem Paradies wird besonders anschaulich

dargestellt: Als die beiden Sünder den Apfel genascht haben, ruft Gott nach ihnen. Adam und Eva verstecken sich. Auf dem Pfeiler sieht das so aus: Gott ruft auf der einen Seite und erst wenn man um die Säule herumgeht, erkennt man Adam und Eva, die sich kauernd hinter einem Baum verstecken. Genial gemacht!

Die Legende vom Falken

Im 11. Jahrhundert teilten sich die Zwillinge Ramon Berenguer II und Berenguer Ramon II die Herrschaft als Grafen von Barcelona, sie regierten abwechselnd. Sie waren jedoch so unterschiedlich, dass heftige Streitereien um die Macht auf der Tagesordnung standen. Als man Ramon Berenguer II eines Tages tot im Wald fand, wurde sofort sein Bruder verdächtigt, der für sein jähzorniges Temperament bekannt war. Kurz nach dem Tod traf der noch lebende Bruder auf den Falken des Verstorbenen. Der Falke war seinem Herren zu Lebzeiten treu ergeben gewesen. Als er nun den noch lebenden Zwillingsbruder sah, flog er auf ihn zu, pickte und hackte auf ihm herum, als wisse er ganz genau, dass dieser die Schuld am Tode des Herrschers trage. Dem abergläubischen Volk war dies Zeichen genug. Berenguer Ramon II regierte zwar noch einige Jahre als alleiniger Herrscher, aber den Beinamen „el Fraticida“ (Brudermörder) wurde er nie mehr los. Den ganzen Weg zur Beisetzung des Grafen in der Kathedrale von Girona soll der treue Falke über dem Sarg seines Herren geflogen sein. Im Kirchenschiff angelangt, fiel der Vogel tot zu Boden. Zum Gedenken an diese beispiellose Treue hat man dafür gesorgt, dass der Falke auch nach dem Tod seinem Herren ganz nah sein konnte: Geht man durch den kleinen Torbogen, über dem Ramon Berenguer II aufgebahrt ist, findet man auf der anderen Seite einen weiteren kleinen Sarkophag. Er ist dem Falken gewidmet.

Xuixo und die Legende

Unbedingt die süße Spezialität Xuixo probieren! Das Xuixo (gesprochen tschuischu) wird mit einer Puddingcreme gefüllt, in Olivenöl frittiert und anschließend mit Zucker bestreut. Der Legende nach erfand das Gebäck ein junger Akrobat, der in die Tochter eines Bäckers verliebt war. Als er einmal heimlich das Mädchen besuchte, kam ihr Vater und er versteckte sich in einem Sack Mehl. Doch er musste niesen und wurde prompt entdeckt. Bevor der Bäcker wütend werden konnte, versprach er, seine Tochter zu heiraten und ihm das Rezept eines besonderen Gebäcks zu geben: das Xuixo. Er benannte es nach dem Niesen, das ihn verriet.

500 Meter
← El Celler de Can Roca
Aqva Banys Romans
Sant Pere de Galligants
Basílica de Sant Feliu
Kloster Sant Daniel
Plaça Sant Feliu
Parc de la Devesa
Catedral de Girona
Bubbles Gastrobar i Restaurant
Museu d'Història de Girona
Stadtmauer
Casa Masó
Bistro La Terra
Museu d'Història dels Jueus
El Call
Café Le Bistrot
Eisdiele Rocambolesc
Café Candela
B12
Girona
Cafè L'Antiga
Marrecs de Salt
Mercat del Lleó
Jardins de la Muralla

Zu Zeiten der alten Römer verlief die Via Augusta durch die Iberische Halbinsel, von den Pyrenäen bis Andalusien. Sie führte direkt an der beeindruckenden Kathedrale Gironas vorbei. Zu ihren Füßen entstand die erste römische Siedlung Gerunda. Im Mittelalter blühte das günstig gelegene Girona dann richtig auf – auch dank des Einflusses der jüdischen Gelehrten. Noch heute bummelt es sich nirgends so schön durch mittelalterliche Gassen wie im jüdischen Viertel El Call. Mittlerweile haben das aber auch viele Touristen bemerkt. Gerade im Sommer kann es in der Innenstadt deshalb schon mal voll werden. Nahe der alten Stadtmauer findet man aber selbst in der Hochsaison noch ruhige Ecken. Die mächtige Kathedrale und die Museen erzählen viel über die Geschichte der Stadt. Ein echter Hingucker sind außerdem die Häuser am Onyar. Jedes Mal, wenn man eine der Brücken überquert, bietet sich ein anderer hübscher Ausblick auf die Altstadt. Durch die viele Treppen ist sie nur bedingt für Kinderwagen und Personen im Rollstuhl geeignet.

Erleben

Jedes Jahr Mitte Mai putzt sich Girona frühlingshaft heraus. Zur **Temps de Flors** sind alle Brücken, Treppen und Kirchen kunstvoll mit Blumen dekoriert. Eine Woche lang schwimmt die Stadt in einem Meer aus bunten Blüten. Seit über sechzig Jahren findet dieses Frühlingsspektakel in Girona statt. Besonders an den Wochenenden zieht das Temps de Flors so viele Besucher an, dass die Stadt kaum wiederzuerkennen ist. Vorbei an blumigen Kunstwerken in Fensterbänken und Türeingängen bahne ich mir meinen Weg durch die Altstadt. Eine Kette aus Blüten schlängelt sich eine Treppe hinauf. Inmitten einer sonst verschlossenen Zisterne, die heute für jedermann zugänglich ist, erhebt sich eine grüne Wand aus Pflanzen. In einem Durchgang hängt ein Blumenkäfig von der Decke. Und in steinernen Treppenaufgängen ergießt sich ein Meer aus Orangen und Zitronen.

#**Gastroflors**: Einige Restaurants bieten während der Temps de Flors ein passendes Blumenmenü an. In den einzelnen Gängen sind dann tatsächlich Blumen versteckt. Im Restaurant Bubbles hatte ich zum Beispiel ein Glas Sekt mit

Kaktusblütenlikör, einen Eintopf mit Linsen, Pilzen und Borretschblüten und ein Dessert mit Rosenschaum.

#Gastroflors gibt es zum Beispiel in der Bubbles Gastrobar i Restaurant: Passeig José Canalejas, 6

Die Besichtigung der Blumenkunst in der ganzen Stadt ist gratis. gironatempsdeflors.cat

Eine fragile Angelegenheit sind die **Castells**, Menschenpyramiden, die die Katalanen gleich über mehrere Stockwerke bauen. Menschentürme sind so viel mehr als nur ein akrobatisches Kunststück. Für die Katalanen steht das Motto der Castellers stellvertretend für einen Teil ihrer Kultur. Es geht um Stärke durch Zusammenhalt, um Mut – aber auch um Vernunft. Das Tolle an den Castells ist, dass jeder mitmachen kann. Von den Großeltern bis zu den Enkelkindern hat jeder seinen Platz. Alle sind gleich wichtig und tragen ihren Teil zum Gelingen bei. Der Verein Marrecs trainiert zweimal die Woche in einem alten Fabrikgebäude. Die Mitglieder freuen sich über Besuch – und wer sich traut, darf sogar Teil der Pyramide sein.

Marrecs de Salt
Carrer de Sant Antoni, 1, (Passatge Factoria Cultural Coma Cros Naus Guixeres, 8)
marrecs.cat

Ein sehr niedlicher Spielzeugladen mit Holzspielzeug, Musikinstrumenten, Marionetten, Zirkus- und Zauberartikeln und altmodischem Blechspielzeug ist **La Carpa**.

Carrer Hortes 11, lacarpa.cat

In dem Papiergeschäft **Papers Girona** gibt es neben besonderem Papier, Heften und anderen schönen Schreibmaterialien auch kleine Pappmascheefiguren und lustige Geschenkartikel.

Carrer de les Ballesteries 31, papersgirona.es

Nachhaltige Mode: Kleider, Shirts,Taschen, Schuhe und Rucksäcke, allesamt in kleinen Ateliers ganz in der Nähe von Girona gefertigt, findest du in dem kleinen Laden **La Puça de Girona**. Die Inhaber legen viel Wert auf die Qualität und die nachhaltige Herstellung aller Produkte, die sie hier verkaufen.

Carrer Mercaders 17, lapusagirona.com

Entdecken

Girona ist Drehort einiger Schauplätze der bekannten Fernsehserie **Game of Thrones**. Bei einer Tour auf den Spuren von Arya Stark oder Jamie Lannister können Game-of-Thrones-Fans durch die Gassen von Braavos und King's Landing spazieren und gleichzeitig noch ein paar Geheimnisse aus Gironas Geschichte erfahren.

guiesdegirona.com/en

Wer lieber auf eigene Faust unterwegs ist, findet unter filmtourismus.de/girona-game-of-thrones Tipps.

Im **Museu d'Història dels Jueus** findet man eine liebevoll kuratierte Ausstellung, die einen guten Einblick in das jüdische Leben im Mittelalter gibt. Immerhin machte die jüdische Bevölkerung zeitweise etwa zwanzig Prozent der Einwohner Gironas aus – unter ihnen viele Schriftgelehrte, Ärzte, Künstler und

Wissenschaftler. Die Juden spielten eine bedeutende Rolle in der Entwicklung der Stadt. Wie zogen sich die Leute an? In welcher Beziehung standen die Familienmitglieder zueinander? Was und wie feierten sie? Diese und weitere Fragen beantwortet
das Museum. Besonders beeindruckend ist die Mikwe, das rituelle Bad, hinter dem Museum.

Carrer de la Força, 8
Eintritt Erwachsene 4 Euro, Kinder unter 14 Jahren frei.
Jeden ersten Sonntag im Monat ist der Eintritt frei.

Nur wenige Schritte weiter liegt das **Museu d'Història de Girona**. Das Geschichtsmuseum ist in einem ehemaligen Kloster untergebracht – allein das Gebäude ist spannend. Im Eingangsbereich kann man die Gegants der Stadt sehen und einen Blick auf die Gruft der Mönche werfen, wo die Kapuziner früher ihre Verstorbenen getrocknet haben.

Carrer de la Força, 27
Erwachsene: 4 Euro, Kinder unter 16 Jahren frei.
Jeden ersten Sonntag im Monat ist der Eintritt frei.

Durch Antoni Gaudí wurde der verschnörkelte Modernisme weltbekannt. Weit weniger weiß man über den Noucentisme. In der **Casa Masó** tauchen die Besucher in die Welt des Architekten Rafael Masó ein. Als einer der ersten begann der ehemalige Schüler Gaudís, den Modernisme zu verändern. Masó war begeistert von den neu aufkommenden Ideen Le Corbusiers oder Bauhaus und wollte etwas ganz Neues entwickeln. Neben Geradlinigkeit und Funktionalität war ihm die Verbindung zur katalanischen Kultur besonders wichtig. Einheimische Materialien gehörten genauso zum Noucentisme wie eine gewisse Schlichtheit und Strenge. Durch diese Art der Einrichtung sollten Ideale der Ordnung und ein arbeitsames Leben gefördert werden.

Fundaciò Rafael Masò, Ballesteries, 29
Besichtigungen finden dienstags bis samstags statt, am besten vorher anmelden.

Eine ungewöhnliche Art Girona kennenzulernen, ist ein **Kräuterspaziergang mit Evarist**. Der Botaniker, der auch das Sternerestaurant El Celler de Can Roca mit ausgefallenen Geschmackserlebnissen versorgt, geht auf die Suche nach uralten mediterranen Kräutern, die schon in der Bibel vorkommen. Heil- oder Gewürzpflanzen wie Kapern oder Myrte wachsen mitten in der Stadt.

naturalwalks.com

Essen

Eine Eisdiele im Willy-Wonka-Stil ist das **Rocambolesc**. Jordi Roca, einer der drei Brüder, die das Top-Restaurant El Celler de Can Roca betreiben, hat diesen süßen Ableger des Sternerestaurants geschaffen. Aus natürlichen Zutaten werden täglich frische Eiskreationen wie Bratapfel, Spargel mit Trüffel oder Parmesan angeboten. Besonders verrückt ist das Eis im warmen Brötchen.

Carrer de Santa Clara, 50
rocambolesc.com

Gleich nebenan gibt es eine Bikineria, in der die typischen "Bikinis", Sandwiches mit Käse und Schinken, nach Art der Roca Brüder zubereitet werden.

Carrer de les Hortes 6, rocambolesc.com

Wie alle Märkte in Katalonien ist auch der **Mercat del Lleó** ein überdachter Markt. Sehr aufgeräumt und sauber kann man an den verschiedenen Marktständen leckere Spezialitäten probieren. Neben Anxoves, Gambas, Fuet, Oliven oder Käse gibt es hier etwas ganz Besonderes: die Botifarra dolça. Einer Bratwurst ähnlich, aber kalt und süß. Sehr speziell!

Plaça Calvet i Rubalcaba
Öffnungszeiten: Mo-Sa 7-14 Uhr, Freitag 17-20.30 Uhr

Von außen wirkt **La Terra** unscheinbar, aber innen ist das kleine Bistro-Restaurant modernistisch. Es liegt direkt am Onyar, bietet einfache Gerichte, Brote und Salate. Der Blick auf den Fluss ist herrlich, und ich liebe die Kacheln an den Wänden. Auch zum Frühstücken schön.

Carrer de les Ballesteries, 23
laterragirona.wixsite.com/laterragirona

Einer der malerischsten Plätze der Altstadt ist die Pujada de Sant Domènech. Auf den Stufen der Treppe im mittelalterlichen Zentrum Gironas kann man im **Cafe Le Bistrot** richtig romantisch essen. Auf der Karte findet man einfache Bistroküche wie Salate und Pizza.

Pujada de Sant Domènec, 4
lebistrot.cat

Für Veganer ist in Girona das **B12** die richtige Anlaufstelle. Neben veganen Burgern und leckeren fleischlosen Gerichten kriegt man in diesem kleinen Laden eine große Auswahl besonderer Biersorten der lokalen Brauereien!

Carrer Hortes, 7
b12restaurant.cat

Niedlich altmodisch im modernistischen Stil versteckt sich das **Cafè L'Antiga** unter den Arkaden gegenüber vom Rathaus. Hier gibt es traditionelle heiße Schokolade mit viel Sahne und das süße Gebäck Melindros. Im Sommer wird die kühle Mandelmilch Orxata serviert.

Plaça del Vi, 8

Mitten in der kleinen Fußgängerzone kann man im **Candela** prima draußen sitzen, es gibt Eis, frische Orxata oder Café amb Gel, Espresso mit Eiswürfeln. Im Winter wird heiße Schokolade und weihnachtliches Torró, weißes Nougat, angeboten.

Carrer de l'Argenteria, 12

Schlafen

Das **Kloster Sant Daniel** liegt mitten im Grünen, am Stadtrand von Girona, aber trotzdem nur zehn Minuten Fußweg von der Kathedrale entfernt. Mir hat diese Mischung aus Abgeschiedenheit, Ruhe und Nähe zur Stadt gut gefallen. Man kann stundenlang im Wald spazieren, in der Bibliothek des Klosters lesen oder in der Stadt bummeln. Neben der Bibliothek gibt es einen Aufenthaltsraum und einen Speisesaal. Aus dem Fenster blickt man direkt auf den doppelstöckigen Kreuzgang, auf dem sich auf der oberen Ebene die Zellen der Nonnen befinden. Das Essen ist inklusive. Es gibt drei einfache Mahlzeiten. Die Besucher essen dasselbe wie die Nonnen, aber im Speiseraum für Gäste.

Monestir Sant Daniel, Carrer de les Monges, 2
santdaniel.com/ca/hostatgeria/

Entspannen

Nur wenige Schritte nördlich der Altstadt befindet sich eine römische Therme, das **Aqva Banys Romans**. Absolute Stille, gedämpftes Kerzenlicht und jahrtausendealte Mauern schaffen echtes Wohlfühlambiente. Wie bei den alten Römern gibt es in dem kleinen Thermalbad verschiedene Becken, von Caldarium bis Frigidarium. Entspannung ist garantiert! Wer will, gönnt sich noch eine Massage.

Aqva Gerunda
Carrer del Riu Galligants, 5
aqvabanysvells.com/en

MADREMANYA

Herrlich ruhig

Madremanya ist ein mittelalterliches Dorf mit Gebäuden aus dem 13. und 14. Jahrhundert. Rund 25 Kilometer von den Stränden des Mittelmeers entfernt, befindet es sich bereits abseits der Touristenrouten – nur wenige ausländische Besucher verirren sich hierher. Während im Sommer ganze Busladungen an Feriengästen durch Pals oder Peratallada geschleust werden, bleibt es in Madremanya ruhig. Dabei ist es hier mindestens genauso schön. Aber es ist gut, dass dieser kleine Ort eher in der zweiten Reihe liegt, denn so hat er sich sein echtes Dorfleben bewahren können. Zum Trocknen aufgehängte Wäsche, Plakate mit Informationen für die Dorfbewohner, Fußmatten vor dem Hauseingang. Wahrscheinlich liegt es an diesen Kleinigkeiten, die zeigen, dass hier keine Urlauber, sondern ganz normale Menschen wohnen und ihren Alltag leben.

Schlafen

Das charmante **Hotel Can Bassa** ist ein umgebautes Bauernhaus. Pere und seine Frau haben das leerstehende Anwesen gekauft und in aufwendiger Handarbeit restauriert, umgebaut und ausgewählt eingerichtet.

Avinguda Gavarres, 10, canbassa.com

← Santa Coloma de Farners
Seite 186
BAIX
LA SELVA
Tossa de Mar
Seite 168
Lloret de Mar
Seite 174
Blanes
Seite 182

La Selva

La Selva bedeutet so viel wie Wildnis oder Urwald, denn diese Comarca besteht zum größten Teil aus Wäldern. Im Hinterland erheben sich die Reste mittelalterlicher Burgen auf kleinen Hügeln. Wanderrouten führen durch den Naturpark Montseny, und in den Guilleries sprudeln unzählige Quellen aus dem Boden.

Die Küste macht den kleinsten Teil von La Selva aus, sie ist dafür aber am dichtesten besiedelt. Hier beginnt sich die Landschaft zu wandeln. Die wilden Klippen der Costa Brava werden weiter südlich langsam zu den langen Sandstränden der Costa del Maresme.

Wer an Massentourismus denkt, sobald er Costa Brava hört, hat vermutlich Blanes, Lloret oder Tossa de Mar vor Augen. Die ehemals kleinen Fischerdörfer sind längst zu beachtlichen Ortschaften herangewachsen und zählen touristisch gesehen zu den reifsten Orten der ganzen Küste. Wer sich aber die Mühe macht, sie außerhalb der Hochsaison kennenzulernen, wird überrascht sein. Von Oktober bis April ist die perfekte Zeit, um hier ganz allein durch malerische Buchten und historische Orte zu spazieren.

Tossa de Mar

Von dem Hügel, auf dem sich die Vila Vella erhebt, streift der Blick über die felsigen Buchten der Costa Brava. Wie eine Burg trotzt die befestigte Altstadt mit dem Stundenturm über der Strandpromenade. Erst im 18. Jahrhundert entstand außerhalb der mittelalterlichen Stadttore ein neues Tossa. Heute drängen sich in den engen Gassen nahe des Strandes kleine Restaurants, Bars und Boutiquen.

Das römische Tossa

Während archäologischer Ausgrabungen fand man eine ganze Siedlung römischer Villen unter den Häusern und Straßen von Tossa de Mar. Leider konnte nur ein kleiner Teil dieser Funde freigelegt werden, denn das Areal erstreckt sich direkt unter dem heutigen Dorf. Entdeckt wurden die römischen Villen allerdings nicht von Archäologen, sondern vom Dorfarzt. Nachdem seine beiden Kinder an einer schweren Grippe gestorben waren, begann er in seinem Mandelhain zu graben, um sich von seiner Trauer abzulenken – dabei stieß er auf die römische Siedlung.

Die Ausgrabung einer römischen Villa kann man kostenlos direkt im Ort anschauen.
Vil·la Romana dels Ametllers, Avinguda Pelegrí, 5-13

Das mittelalterliche Tossa

Im Mittelalter begannen die Menschen, die Hügel direkt am Meer zu besiedeln, die bereits zu Zeiten der Römer bewohnt gewesen waren. Was man auf den ersten Blick für eine Burg hält, ist die Stadtmauer mit ihren sieben Verteidigungstürmen aus dem 13. Jahrhundert. Sie ist fast vollständig erhalten geblieben – das ist einzigartig an der gesamten Küste. Vor dem Haupteingang steht noch heute die Creu de Terra, ein großes Kreuz, mit dem früher der Eingang einer Ortschaft markiert wurde. Innerhalb der Mauern befand sich das mittelalterliche Tossa, die Vila Vella. Schmale Wege aus Kopfsteinpflaster führen steil den Hügel hinauf. Die Stadtmauern boten Sicherheit vor den Wegelagerern und Räubern, die Tore wurden nachts verschlossen. Für

Reisende, die erst zu später Stunde nach Tossa kamen, hatte man außerhalb der Mauern eine kleine Kapelle und ein Wirtshaus errichtet. So konnten die nächtlichen Ankömmlinge Unterschlupf finden, bevor sie am nächsten Morgen nach Tossa hineingelassen wurden.

Innerhalb der Vila Vella befindet sich auch das kleine Museum Tossas. Hier werden neben den schönsten Fundstücken der archäologischen Ausgrabungen auch verschiedene Kunstausstellungen gezeigt.

Museo Municipal de Tossa de Mar, Plaça Pintor Roig Soler, 1

Das Tossa der Künstler

Von den 1920er Jahren bis zum Ausbruch des Zweiten Weltkriegs war Tossa ein Rückzugsort für Intellektuelle und Künstler. Maler wie Marc Chagall und Oskar Zügel, Schriftsteller und Fotografen trafen sich hier, um die Natur, Ruhe und Abgeschiedenheit zu genießen und sich mit Gleichgesinnten auszutauschen. Viele der Künstler erlangten später Weltruhm. Während sie in Tossa weilten, waren sie jung und unbekannt und beglichen ihre Schulden manchmal mit ihren Bildern. Das Museum zeigt eine kontrastreiche Ausstellung aus jener Zeit. Der Star des kleinen Museums ist ein Gemälde von Marc Chagall.

Neben den jungen Avantgardisten hat auch Hollywood seine Spuren in Tossa hinterlassen. Oben auf dem Hügel der Vila Vella bewundert eine lebensgroße Ava Gardner, die Hollywood-Diva der 1950er Jahre, die schöne Aussicht. Dreharbeiten („Pandora und der fliegende Holländer“) fanden hier in Tossa statt. Das ganze Dorf war in heller Aufruhr, überall waren Filmleute, Hollywoodstars und Paparazzi. Ava, damals die heimliche Geliebte Frank Sinatras, verliebte sich während des Drehs angeblich in einen Torero. Sinatra soll stinksauer gewesen sein und sich extra auf den Weg hierher gemacht haben.

Cala
Futadera
Cala
Giverola
Cala
Pola
Tossa de Mar
Platja
de la Mar
menuda
Vil·la Romana
dels Ametllers
Platja
Gran
Restaurant Bahia
Vila Vella
Museo Municipal
Platja d'es
Codolar

Strände

Neben dem Museum in der Altstadt gibt es ein Loch in der alten Stadtmauer. Von dort führt ein Weg hinunter in eine kleine Bucht mit hübschem Sandstrand, die **Platja d'es Codolar**.

Der Hauptstrand Tossas ist die **Platja Gran**. Von dem breiten Sandstrand hat man eine super Aussicht auf die Altstadt. Im Sommer kann es schnell voll werden, im Winter liegen hier alte Fischerboote im Sand.

An dem fast 200 Meter langen Sandstrand **Platja de la Mar menuda** geht es flach ins Wasser, was ideal für Kinder ist. Der Strand liegt sehr zentral, ist leicht zu erreichen und daher im Sommer ziemlich voll.

Die **Cala Pola** ist ein Bilderbuchstrand, wie man ihn sich an der Costa Brava vorstellt: Eingeklemmt zwischen von Pinien bewachsenen Felsen, erstreckt sich ein feiner Sandstrand in einer kleinen Bucht. Man kommt über den angrenzenden Campingplatz dorthin.

Cala Giverola liegt nahe Sant Feliu de Guíxols und ist mit dem Auto leicht zu erreichen. Im Sommer gibt es genügend Parkplätze für die Massen, die hier an den Strand strömen.

Mein persönlicher Favorit ist die **Cala Futadera**. Viele Stufen führen hinab zu der ruhigen Bucht mit feinem, goldenem Sand. Hier wird es auch im Sommer nicht zu voll.

Essen

Cim i Tomba ist ein traditionelles Gericht der Fischer. Jeden September finden in Tossa Cim-i-Tomba-Wochen statt. Diverse Restaurants bieten ihre eigenen Variationen des traditionellen Gerichts in einem besonderen Menü an. Eines davon ist das **Restaurant Bahia**, dort wird Cim i Tomba klassisch und sehr lecker zubereitet – und das übrigens das ganze Jahr über.

Passeig del Mar, 19
restaurantbahiatossa.com

Lloret de Mar

Berühmt und berüchtigt – Lloret ist beinahe ein Synonym für jugendlichen Partytourismus. Doch viele Feiernde sind weitergezogen, und vor allem außerhalb der Hochsaison kann man – in aller Ruhe – viel Lohnenswertes entdecken.

Auf den Spuren der Americanos

Es war gegen Ende des 19. Jahrhunderts, als ein ungebetener Gast die Grenze überschritt und eine schwere Wirtschaftskrise in ganz Spanien verursachte.

Das Auftauchen der Phylloxera, einer winzigen, unscheinbaren Reblaus im Jahre 1870, machte mit einem Schlag die Existenzgrundlage fast aller katalanischer Weinbauern zunichte. Eine echte Katastrophe. Kein Weinstock entging dem Schädling.

Zu Beginn des 19. Jahrhunderts hatte bereits die Erfindung der modernen Dampfboote den Schiffbau größtenteils zum Erliegen gebracht. Dabei war der Strand des kleinen Fischerortes Lloret über lange Zeit eine Werft gewesen, an der tagtäglich kleine Holzboote entstanden. Nach dem Zusammenbruch der beiden wichtigen Stützpfeiler wanderten gut ein Viertel der Einwohner in die Karibik aus. Es waren keine Abenteurer und Glückssucher, sondern normale, einfache Menschen, die nun keinen Broterwerb mehr hatten und verzweifelt in Übersee auf ein besseres Leben hofften.

Viele derjenigen, die einst voller Hoffnung losgezogen waren, kehrten nie wieder nach Europa zurück. Manche überlebten zwar die Überfahrt, doch in der neuen Heimat kamen sie mehr schlecht als recht über die Runden. Für eine Rückkehr fehlte das Geld. Andere starben oder verschwanden spurlos. Nur zwei Prozent der Ausgewanderten brachten es in der Ferne zu Reichtum und kehrten mit Geld und Gold an die Costa Brava zurück. Diese Heimkehrer nannte man „Indianos“ oder „Americanos“. Sie brachten Aufschwung und Überfluss, investierten ihren Reichtum und errichteten prächtige Paläste. Gegenüber des Rathauses säumen noch heute Palmen den kleinen Spazierweg nahe der Strandpromenade. Sie waren ein sehnsuchtsbeladenes Souvenir, das die Rückkehrer aus den Kolonien mitgebracht hatten.

Neben dem prächtigen Familiensitz Can Font (Carrer de Sant Carles, 16) im Zentrum Llorets kaufte der *Americano* Nicolau Font das Benediktinerkloster **Sant Pere del Bosc**, das er zu einem Krankenhaus umbauen wollte. Heute befindet sich hier ein idyllisch gelegenes Luxushotel mit Restaurant.

Paratge de Sant Pere del Bosc, s/n
santperedelboschotel.com

Das **Museu del Mar** erinnert an die Geschichte der Auswanderer und Heimkehrer. Es widmet sich auch denen, die loszogen und nie zurückkamen. Man bekommt einen lebendigen Einblick in die Entwicklung des kleinen Fischerorts Lloret de Mar.

Camprodon i Arrieta, 2
Eintritt 4 Euro, lloretdemar.org

Jedes Jahr im Juni findet das Fest **Fira dels Americanos** zu Ehren der Auswanderer statt. Ein historischer Markt bildet den Rahmen. Angeboten werden u.a. Rumverkostungen und Daiquiri-Workshops, Theatervorstellungen und Tänze.

Ein weiteres Beispiel der Baulust der *Americanos* ist die **Kirche Sant Romà**. 1914 wurde die kleine Dorfkirche nach Entwürfen des Künstlers Bonaventura Conill i Montobbio farbenfroh umgebaut. Doch die Kirchenplünderer des Spanischen Bürgerkriegs (1936-39) zerschlugen und verbrannten fast alle neuen Elemente. Vor dem Haupteingang ist nichts mehr von dem modernistischen Umbau zu sehen. An den relativ gut erhaltenen seitlichen Kapellen kann man sich jedoch eine Vorstellung davon machen, wie die Kirche damals ausgesehen haben muss.

Plaça de l'Església, 4

Lloret kann schön sein, aber im Juli und August ist es definitiv zu voll. Um die sehenswerten Ecken wie den Platz vor der Kirche Sant Romà, das Museum des Meeres, die modernistischen Bauten der Americanos oder das Rathaus an der Strandpromenade zu besuchen, sollte man deshalb besser im Herbst oder Winter hierher kommen.

Der älteste Teil der Stadt, der einmal ein kleines Fischerdorf war, erstreckt sich entlang der Strandpromenade. In den engen Gassen haben sich mittlerweile jede Menge Boutiquen und Andenkenläden niedergelassen. Der Massentourismus der letzten Jahrzehnte hat seine Spuren hinterlassen. Die Einwohner haben sich aus der überlaufenen Altstadt in die neueren Stadtteile zurückgezogen, die vorwiegend aus unspektakulären Wohnsiedlungen bestehen.

Im überschaubaren Zentrum kommt man bequem zu Fuß zurecht. Auch zu den nahegelegenen Buchten kann man über den Camí de Ronda spazieren. Zu den ferneren Stränden wie Canyelles, Fenals oder Santa Cristina fahren im Sommer Dofijet-Boote. Im Herbst und Winter sollte man besser ein Auto zur Verfügung haben.

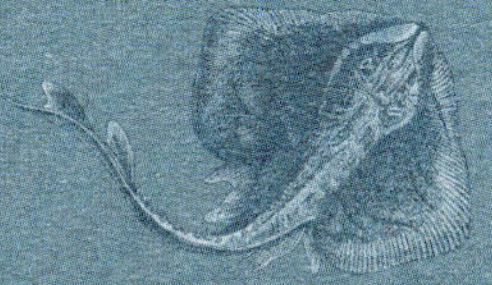

Strände

In den Wintermonaten leben ungefähr 35 000 Einheimische in Lloret de Mar; im Sommer halten sich bis zu 160 000 Menschen im Ort auf. Seit 2018 gilt an einigen Strandabschnitten ein absolutes Rauchverbot (playas sin humo), weitere sollen folgen. Damit möchte die Stadt familienfreundlicher werden.

Da Lloret an der südlichen Costa Brava liegt, befinden sich hier noch einige breite Sandstrände.

Neben dem Hauptstrand **Platja de Lloret de Mar** mit der großen Promenade ist der **Platja de Fenals** ebenfalls ein langer Strand mit vielen Restaurants.

Dazwischen, nur wenige Minuten von der Promenade entfernt, liegt die felsige Bucht **Cala Banys**, an der man gut schnorcheln kann.

Direkt neben der **Platja Santa Cristina,** die man vom Hauptstrand mit den Dofijet-Booten erreicht, liegt eine kleine versteckte Bucht, die **Cala Treumal.** Zwischen rauen Felsen gelegen, erstreckt sich dort feiner, goldgelber Sand.

Platja Canyelles ist etwas weiter weg und besser mit dem Auto zu erreichen. Auch hier hat man am breiten Sandstrand eine Auswahl an Restaurants.

Wandern

In Lloret gibt es mehrere gut ausgebaute Abschnitte der **Camins de Ronda**, auf denen man in schöne kleine Buchten gelangt und unterwegs tolle Aussicht bestaunen kann. Der Küstenweg ist ein Abschnitt des GR-92.

Tapas bei Sa Xarxa

Entdecken

Oberhalb der Steilküste mit wundervollem Blick aufs Meer liegt die beeindruckende Gartenanlage **Jardins de Santa Clotilde**. Marqués de Roviralta hatte sich in diese Landschaft verliebt und wollte hier seiner jungen Frau Clotilde einen Garten anlegen lassen. Beauftragt wurde 1919 der vom Geist des geradelinigen Noucentisme beflügelte Landschaftsgärtner Rubió i Tudurí. Im Gegensatz zu dem bis dahin angesagten Modernisme mit seiner verklärten Romantik. schuf Rubió eine Gartenanlage in der „Ordnung und Vernunft" herrschen. Spannend für Game-of-Thrones-Fans: Die Jardins dienten der Serie „House of the Dragon" als malerische Kulisse.

Paratge de Santa Clotilde
Eintritt: 5 Euro für Erwachsene

Vor den Toren der Stadt hat man von der **Kapelle Santa Cristina** eine pittoreske Aussicht auf die zerzauste Ursprünglichkeit der Landschaft, ihre ungeglätteten Klippen und die rauen Felsen.

Ermita Santa Cristina, Platja de Santa Cristina

Die **Ausgrabungsstätte Turó Rodó** befindet sich auf dem Camí de Ronda, hinter dem Castell d'en Plaja. Der Blick reicht weit über die felsigen Klippen bis zur Torre Sant Jaume. Jahrtausendelang war die Siedlung der Iberer, die hier einst lebten, der Witterung ausgesetzt – viel ist nicht erhalten geblieben. Doch es gibt eine Besonderheit: Die Forscher konnten in den Ruinen eine kleine Hütte wieder so herrichten, wie sie vor über zweitausend Jahren wirklich ausgesehen haben soll.

Carrer Costa d'en Josep Macià, Lloret de Mar
Einfach zu finden: entlang des Camí de Ronda von Lloret Richtung Canyelles
Eintritt 3 Euro

Erleben

Jedes Jahr am 24. Juli ist die kleine Kapelle Santa Cristina das Ziel der **S'Amorra**, einer Regatta, bei der Pilger mit Booten von Lloret aus hierher rudern. Schon früh am Morgen setzen sich die Dorfbewohner in Bewegung und ziehen mit der Statue der Heiligen Cristina zum Strand. Von dort rudern sie in Llaguts, den traditionellen Fischerbooten, mit der Heiligen Cristina in die Bucht am Fuße der Kirche. Die Prozession ist so beliebt, dass jeder, der einen schwimmenden Untersatz hat, dabei sein will. Schließlich wird die Schutzheilige der Seeleute feierlich den Hügel hinauf in die Kapelle getragen. Nach dieser Anstrengung findet unter alten Pinien ein deftiges Essen für das ganze Dorf statt.

Noch relativ neu in der angenehm ruhigen Bucht „Cala Canyelles“ ist das **Restaurant Gammarus**. Mit vielen grünen Pflanzen und einer Deko aus Naturmaterialien.

gammarus.es

Die Spezialität des **Restaurants Can Guidet** sind Grillgerichte und Truita, ein Omelette mit Kartoffeln und Zwiebeln, das in den verschiedenen Variationen angeboten wird.

Carrer Senyora de Rossell, 25
canguidet.cat

Trinken

Auf der Terrasse der **Bar Cala Banys**, direkt am Camí de Ronda mit Blick aufs Meer, lässt sich wunderbar ein Cocktail genießen.

calabanys.es

Schlafen

Auch die Geschichte der Familie Delamar beginnt mit einem jungen Auswanderer, der in Übersee sein Glück finden will. Er verliebt sich auf Kuba in Leonor. Sie heiraten und bekommen eine Tochter, Maria Bofill Delamar. Sie ist die Uroma der Gründer des **Hotels Delamar**. Das Hotel ist freundlich, hell und ruhig, hat schicke Zimmer und nette Ecken zum Entspannen, mit einem Pool auf dem Dach. Das Frühstücksbüffet ist sehr gut!

Avinguda Just Marlés Vilarrodona, 21
Nur für Gäste ab 18 Jahren
hoteldelamarlloret.com

Essen

Das **Restaurant Sybius** liegt in einer ruhigen Bucht direkt am Strand mit Blick aufs Meer. Es wird traditionelle katalanische Küche serviert.

Avinguda Canyelles, 2, Cala Canyelles

Eine nette Tapas-Bar ist **Sa Xarxa** mit großer Terrasse. In den 1960er Jahren verkaufte der Fischer Joan sein Boot und eröffnete mit seiner Frau zusammen den kleinen Laden. Es gibt frische regionale Produkte in schönem Ambiente.

Carrer Sénia del Barral, 14

BLANES

Meer und Myrte

Zwischen bunt leuchtenden Beeten führen kleine Sandwege wie ein Labyrinth durch das Gelände des Botanischen Gartens Marimurtra bei Blanes. Immer wieder erreicht man Aussichtspunkte, Treppen und schattige Plätze zum Verweilen. Doch seine schönsten Momente hat der Garten in der Nacht: Bei dem Festival „Les Nits de Marimurtra“ treten in einem kleinen Kreis ausschließlich katalanische Künstler auf.

Zu Beginn des 20. Jahrhunderts kam der deutsche Kaufmann Karl Faust nach Blanes und war von der Landschaft am Berg Sant Joan begeistert. Vom Hang dieses Hügels hat man eine bilderbuchschöne Aussicht auf die steil ins Meer abfallenden Felsen und die Bucht Sa Forcanera. Faust kaufte das fünfzehn Hektar große Stück Land und erfüllte sich einen Traum, den Botanischen Garten Mar i Murtra, Meer und Myrte.

Am Templet de Linné, einem kleinen Säulentempel direkt am Steilhang mit Blick aufs Meer, finden im Sommer Konzerte statt: Wenn man die Costa Brava nicht nur mit den Augen, sondern auch mit den Ohren genießen will, gibt es dafür keinen besseren Ort als dieses Musikfestival katalanischer Künstler. Was die Katalanen lieben, was sie bewegt, wird, in Musik und Text verpackt, dem begeisterten Publikum präsentiert. Zwei Stunden vor Konzertbeginn öffnen sich die Türen des Botanischen Gartens. Eine prima Gelegenheit, den Park noch beim letzten Tageslicht zu durchstreifen.

Info

Für das Musikfestival unbedingt reservieren!

marimurtra.cat

Blanes ist mit seinem langen Strand, zahlreichen Souvenirläden und vielen Restaurants ein idealer Ort für alle, die gerne viel und ausgiebig feiern. Südlich vom Ortskern wurden riesige Ferienhauskomplexe und Campingplätze gebaut, die zu den größten im Mittelmeerraum gehören. So wächst die Stadt im Sommer von 35 000 auf über 100 000 Menschen an.

Vor Sa Palomera, dem Taubenfelsen, liegen noch heute ein paar alte Fischerboote im Sand. Der lange Strand lädt zum Baden ein - doch Vorsicht: Das Wasser wird schnell tief.

Einige unscheinbar wirkende Felsen vor der Küste markieren den Anfang der Costa Brava mit ihren kleinen Buchten zwischen steil aufragenden Klippen – Richtung Süden kommen dagegen die langen Sandstrände der Costa del Maresme.

Essen

Die beiden Freunde Rafa und Albert haben vor ein paar Jahren das kleine **Restaurant Sa Lola** direkt am Passeig Maritim eröffnet. Auf den Tisch kommen Tapas, die explodieren, zerfließen oder die Farbe wechseln. Kreative Molekularküche aus regionalen Produkten: Egal, ob man Manchego-Schaum, Spanferkelwürfel oder Lachs mit Apfel-Vanille-Kompott bestellt – der Geschmack und der Effekt sind umwerfend. Und die Desserts sind himmlisch!

Passeig Pau Casals, 59
salolagastronomic.com

Beste Sicht

Vom Turm des **Castell de Sant Joan** hat man den schönsten Blick über Blanes bis weit ins Hinterland. Die Festung wurde als Verteidigungsanlage im 13. Jahrhundert gebaut. Im 18. Jahrhundert wurde sie verlassen und verfiel, die Kapelle Ermita de Sant Joan Baptista wird aber weiterhin genutzt (sonntags ist sie offen).

SANTA COLOMA DE FARNERS

Ratafia, der Geschmack des Hinterlands

In einem Ratafia kann man die Landschaft schmecken. Das sagt man nicht nur so, das stimmt wirklich. Denn der Ratafia ist ein traditioneller Kräuterlikör aus vielem, was man am Wegesrand finden kann. Evarist ist der Kräuterfachmann der Costa Brava und nebenbei ein passionierter Tourguide, der seinen Gästen nicht nur die Natur selbst, sondern die Geschichte der Gegend, die Menschen und die katalanische Küche erklärt. Mit ihm kann man losziehen, um Kräuter zu sammeln – und später daraus einen eigenen Likör kreieren.

Wilde Kräuter sammeln

Evarist ist Botaniker. Er zeigt uns nicht nur die Natur, die uns umgibt, er lässt sie uns ertasten, riechen und schmecken. Und so halten wir Pflanzen ins Licht, zerreiben Blüten zwischen den Fingerspitzen und kosten grüne Blätter. Wir sammeln Johanninüsse, Oregano, Rosmarin, Zitronenverbene, Thymian, Johanniskraut, Lindenblütenblätter, Lavendel und ein paar weitere Kräuter. Als wir alles zusammen haben, was wir für den traditionellen Ratafia brauchen, fahren wir mit unserem Kräuterkörbchen nach Santa Coloma de Farners. Das Dorf ist die heimliche Hauptstadt des Kräuterlikörs. Die Bruderschaft Confraria de la Ratafia sitzt hier und kümmert sich um den Erhalt der Traditionen rund um den Likör, organisiert gastronomisch-kulturelle Veranstaltungen und stellt ihren eigenen Ratafia nach uralten Rezepten her. Dort treffen wir uns mit Joan, einem Mitglied dieser Bruderschaft, um unseren eigenen Likör anzusetzen.

Ratafia herstellen

Joan erklärt, welche Zutaten wir für unseren Likör verwenden können: „Das einzige Muss sind die Johanninüsse. Alles andere ist Geschmackssache.“ Ich nehme etwas Rosmarin, wilde Minze, ein bisschen Zitronenverbene und Fenchel. Joan füllt die Kräutermischung in unseren Glasgefäßen mit einem Anislikör auf. Dann kommt ein Deckel drauf. Der angesetzte Sud muss jetzt vierzig Tage lang ziehen. Erst danach können wir die Flüssigkeit, die bis dahin dunkelbraun geworden sein wird, filtern und haben unseren eigenen Ratafia.

Info

Auf der Website von Natural Walks findet man alle Kräuteraktivitäten, die Evarist organisiert: naturalwalks.com.

Nur in Santa Coloma de Farners und einigen Läden an der Costa Brava kann man Ratafia kaufen. ratafia.cat

Themen

Orte an der Küste

Orte im Landesinneren

Naturparks

Bildverzeichnis Alle Fotos von Nicole Biarnés, außer: Seite 2: Linh Nguyen; Seite 4: Niklas Weiss; Seite 23: Núria i JC; Seite 24: Josep Enric; Seite 25: Elena; Seite 26: Joan Cuevas; Seite 28: Hoan Vo; Seite 32: Katja Schulz; Seite 49: Manolo Gómez; Seite 85: Bernard Dupont; Seite 86: Albert Torelló; Seite 88: Ramat; Seite 104: Xavier Llop Torres; Seite 117, 134 und 135 oben: Rey Perezoso; Seite 120: Esther Westerveld; Seite 138: Moritz Barcelona; Seite 144 und 145: Finca Bell-Lloc; Seite 154: Josep Bracons; Seite 168 und 173: Sergei Gussev; Seite 188: Nachosuch

WEITER REISEN

Geheimtipps von Freunden

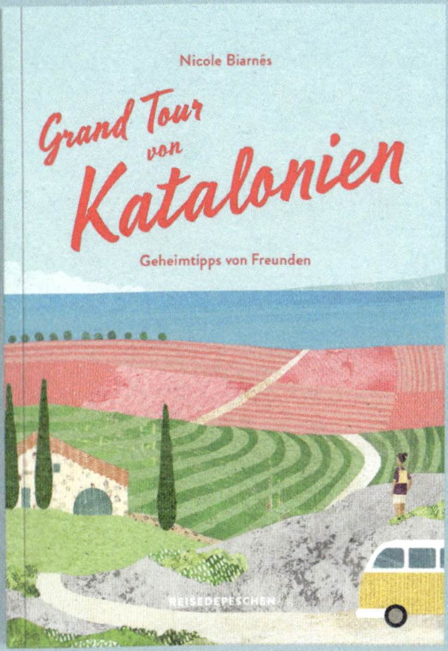

Grand Tour von Katalonien

Katalonien ist Sonne, Strand und Meer – und so viel mehr als das. Deshalb nehmen wir dich mit auf eine individuelle Reise, raus aus der bunten Metropole Barcelona. In diesem Katalonien Reiseführer entdeckst du unglaubliche Landschaften, spektakuläre Schluchten, verzauberte Wälder und legendäre Bergdörfer. Bringst du viel Zeit mit, kannst du auf unserer Grand Tour Land und Leute abseits der bekannten Pfade kennenlernen. Falls Du nur ein paar Tage unterwegs bist, helfen dir unsere Tipps, das passende Fleckchen Katalonien zu finden.

Reisehandbuch Slowenien

Eine Reise nach Slowenien kann dich auf die höchsten Gipfel der Julischen Alpen bringen und noch am selben Tag ans Meer. Morgens kannst du in funkelnden Bergseen schwimmen und abends schon mit einem Glas Wein in der Hand über rebenbedeckte Hügel blicken.
Dank vieler praktischer Informationen, Tipps zu Restaurants und charmanten Unterkünften für jedes Budget, detaillierten Karten und GPS-Downloads zu den Wanderungen ist es einfach, die Reise zu planen und sich im Land zurechtzufinden.

2. aktualisierte Auflage, Berlin
Juli 2025, im Jahr der Schlange

ISBN 978-3-96348-005-8

Reisedepeschen GmbH
Grunewaldstraße 14-15
10823 Berlin
info@reisedepeschen.de
reisedepeschen.de

Gestaltung und Herstellung sowie die Karten und Illustrationen lagen in den Händen von Johannes Klaus. Die Umschlagillustration fertigte Henry Rivers (travelposter.co) in enger Zusammenarbeit mit dem Verlag an. Christoph Karrasch übernahm das Lektorat wie auch das Korrektorat. Die Redaktion machte Marianna Hillmer. Das Buch wurde in der Brandon Grotesque und der Brandon Text von Hannes von Döhren gesetzt. Druck und Bindung nahm PNB Print vor. Gedruckt wurde auf Munken Polar Rough und Amber Graphic, hergestellt aus chlorfrei gebleichtem Zellstoff aus nachhaltiger Waldwirtschaft.

Du kannst Teil dieses Buches sein: Schick uns deine Hinweise, Geheimtipps und Verbesserungsvorschläge, erkläre uns, was so nicht mehr stimmt und was unbedingt in die nächste Auflage sollte. Wir freuen uns auf deine Nachricht an hinweis@reisedepeschen.de.

Die Deutsche Nationalbibliothek verzeichnet diese Publikation in der Deutschen Nationalbibliografie; detaillierte bibliografische Daten sind im Internet über http://dnb.dnb.de abrufbar.